建筑工程
经济原理与实务

李 阳 著

山西出版传媒集团
山西经济出版社

图书在版编目（CIP）数据

建筑工程经济原理与实务 / 李阳著 . —— 太原：山西经济出版社，2022.10
ISBN 978-7-5577-1050-7

Ⅰ.①建… Ⅱ.①李… Ⅲ.①建筑经济学－高等学校－教材 Ⅳ.①F407.9

中国版本图书馆 CIP 数据核字(2022) 第 192841 号

建筑工程经济原理与实务
JIANZHU GONGCHENG JINGJI YUANLI YU SHIWU

著　　者：	李　阳
责任编辑：	李春梅
助理编辑：	梁灵均
封面设计：	梁灵均　左图右书
内文设计：	左图右书
出 版 者：	山西出版传媒集团·山西经济出版社
地　　址：	太原市建设南路21号
邮　　编：	030012
电　　话：	0351-4922133（市场部）
	0351-4922085（总编室）
E－mail：	scb@sxjjcb.com（市场部）
	zbs@sxjjcb.com（总编室）
经 销 者：	山西出版传媒集团·山西经济出版社
承 印 者：	山西省史志印业有限公司
开　　本：	787mm×1092mm　　1/16
印　　张：	11.25
字　　数：	162千字
版　　次：	2022年10月　第1版
印　　次：	2022年10月　第1次印刷
书　　号：	ISBN 978-7-5577-1050-7
定　　价：	49.00元

作者简介
ABOUT THE AUTHOR

李阳,男,出生于1979年11月,籍贯为山东济南。山东建筑大学土木工程专业本科学历,目前就读于中国人民大学经济学硕士,国家一级注册建造师,同时拥有高级工程师和高级经济师双职称。现任职于山东鲁信实业集团有限公司,主要研究方向为建设工程管理、经济效益分析。曾作为鲁信集团工程经济方面的复合型专业人才赴新加坡参加了"第24届新加坡金融创新管理标杆学习之旅",并先后在建设工程类刊物《城市建设理论研究》、《中国科技期刊数据库工业A》和经济类刊物《全国流通经济》、《中国国际财经》上发表过多篇工程类和经济类专业论文。工程类专业论文:《城市地下通信综合管沟的发展探讨》;《基于Hewlett土拱理论的支护桩间距计算方法》;《型钢桩超前支护在基坑围护中的应用》;《房屋建筑施工中的防渗漏施工技术研究》;《浅析房屋建筑施工中结构加固技术》;《桩基工程施工技术在公民建中的运用分析》。经济类专业论文:《实体经济转型升级面临的问题及其对策—基于产业层面的分析》;《新经济常态下企业经济管理对策的探讨—以山东鲁信实业集团有限公司为例》;《经济全球化背景下国际经贸信息对企业经营决策的推动作用》。

前 言
/ PREFACE /

随着当前我国建筑行业不断地发展,虽然整个行业的发展速度越来越快,呈现出越来越突出的蓬勃趋势,相应的建筑工程项目也越来越多,机遇也同样不断地增多,但是因为建筑工程项目施工单位同样也不断增加,进而也就必然会造成建筑工程施工单位的竞争压力增大。我国的人口属于世界第一,占地面积属世界第三,这些优势使我国的建筑经济发展得以迅速地提升。但是建筑经济发展过快,总会产生不利的方面,例如,原本计划使用50年的工程项目,由于经济发展的需要重新建设,可能只用了10年就要进行拆毁重建,这就导致了资源极大地浪费。与此同时,还有一些国有企业的发展产生了一定的畸形,从而使它在竞争中处于不利的地位,所以完善价格建筑工程经济市场,改进建筑工程技术是非常必要的。

在中国,工程经济学起步比较晚,它是在20世纪70年代后期起步的,以于光远、孙冶方两人为开端的"工程经济学"。中国工程经济在不同时期偏重方向会有所不同,20世纪60年代,主要以建筑经济为主,主要对建筑经济的经济效果评价进行研究;20世纪70年代初期,主要是引用国外的先进的技术和管理方法;20世纪80年代,主要是对建筑工程经济的技术进行一定的改革和研究;20世纪90年代,我国的工程经济研究领域进行扩大,扩大到了土木工程。经过不断地发展,我国逐步地形成了一套完整的工程经济理论体系和方法。至今为止,我国的工程经济理论体系已经得到了巨大的发展,但是与国外的体系相比较,我国的工程经济理论体系还是有着很大的差距。还需要进一步地完善和改革,努力在竞争激烈的世界市场上占有一席之地。

　　建筑工程经济是建筑工程管理的核心,为了使建筑工程经济拉动整个社会经济的发展,使建筑经济在新一轮的竞争中取得优势,只有不断地挖掘提高外部效果的方式方法,提高外部效益,降低外部成本。建设工程经济的决策者、管理者必须具备与时俱进的头脑和彻底改革的决心,必须建立科学的发展道路,淘汰落后的发展模式,总结建筑工程经济发展的经验,寻求建筑工程经济发展的新的增长点,使之适应当前经济发展的局面,使建筑工程经济的发展更加美好。

目 录
/ CONTENTS /

第一章 绪论 ·················· **001**
  第一节 建筑工程项目的概述 ·················· 001
  第二节 基本建筑业在国民经济中的作用 ·················· 005
  第三节 建筑工程经济学中的研究对象 ·················· 013
  第四节 建筑工程经济学评价的要素与原则 ·················· 016

第二章 资金流量与资金的时间价值 ·················· **021**
  第一节 现金流量的组成和表示 ·················· 021
  第二节 资金的时间价值计算及应用 ·················· 028
  第三节 资金的等值计算及应用 ·················· 032

第三章 技术经济分析的基本原理与程序 ·················· **035**
  第一节 经济效果评价概述 ·················· 035
  第二节 建筑工程项目技术经济的风险分析 ·················· 040
  第三节 技术经济分析的程序与方法 ·················· 047
  第四节 工程技术经济效果评价的原则 ·················· 055

第四章 工程经济效果评价的方法 ·················· **058**
  第一节 经济效果指标 ·················· 058
  第二节 经济效果评价的方法 ·················· 064
  第三节 建设项目的投资效果分析 ·················· 068

第五章 建筑工程项目的经济分析与评价 ·················· **080**
  第一节 工程项目可行性分析 ·················· 080
  第二节 工程项目不确定性和风险分析 ·················· 084
  第三节 工程项目的国民经济评价 ·················· 091
  第四节 工程经济在工程项目的应用 ·················· 097

第六章 建筑工程的技术经济分析 ·················· **107**
  第一节 建筑工程项目开发经济分析概述 ·················· 107

第二节 建筑工程项目方案设计与施工技术的经济分析……………114

第三节 建筑设备更新的经济技术分析……………………………126

第七章 价值工程 140

第一节 价值工程的概述………………………………………………140

第二节 价值工程的实施步骤和方法…………………………………147

第三节 功能分析与功能评价…………………………………………161

第四节 方案创造与评价………………………………………………167

参考文献 171

第一章 绪论

第一节 建筑工程项目的概述

一、建筑工程项目的概念

建筑(Construction)作为生存的基本需要,因经济社会发展以及科学技术的进步而不断发展活跃,并随着人类生存需求的不断发展而创新。在现代社会中,生活离不开住房建筑、生产离不开工厂建筑。修建这些房屋以及公路等基础设施,安装维护相应的生产设备等生产活动被称之为,建筑活动。建筑工程伴随人类的发展而不断演化。原始社会,人类为躲避风雨,保护自身安全,最初利用简单的工具为自己建造安身立命之所。从伐木为巢到规模宏大、体量和功能繁多、结构复杂的现代建筑。研究表明,我国浙江省河姆渡地区约在距今六、七千年前出现了具有榫卯结构的木架建筑,这标志着早在新石器时代,我国的建筑理念已经初步开始形成。等到了奴隶社会,生产工具从早期的石器,发展到青铜工具,生产效率进一步提升,建筑理念也得到了相应的发展,而到了已经拥有冶铁技术的春秋时期,建筑环境经营理念的萌生带动了城市规模的建筑群发展。

我国古代的建筑活动虽然在一定水平下有了初具规模的发展,但建筑活动并没有独立于农业发展存在,没有摆脱对古代农业的依附,因此我国古代建筑无法称之为真正意义上的建筑业。

建筑业的形成在世界范围内也仅有几百年的历史,比起建筑本体几千年来的形成与发展显得较为短暂。近代社会以来,随着人类生产活动不断的发展进步,建筑活动逐渐和农业剥离开来,形成了如今专门从事建筑活动的建筑行业。建筑业形成以来,建筑规模迅速扩大、设计施工技术不断更新、新型建筑材料层出不穷,大体量、超高层建筑不断涌现。与此同时,随着社会的法治思想进步,建筑业的各项法律法规逐步规范,产生了较为统一的建造标准制度和系统的管理体系,出现了中国历史上的建筑高峰。

二、建筑工程项目的分类

因分类标准不同,建筑产品种类繁多,所以通常将建筑工程项目分为以下几种:

第一,按建筑工程的功能划分。依据建筑工程的建成用途、功能,将其分为住宅用房、工业用房、农业生产用房、运输仓储用房、公共建筑及其附属设施和与其配套的线路、管道设备的安装工程。

第二,按建筑工程的组成划分。依照建筑工程项目的构成形式,将其分为单项工程、单位工程、分部工程和分项工程:①单项工程,是构成建设项目的基本单位,具有独立的工程设计文件、独立的概算,在完工后可以独立发挥效益的配套齐全的建筑工程项目。例如图书馆、机场候机楼、独立的传达室等。单个建设项目既可以是一个单项工程,也可以是多个单项工程组合而成。②单位工程。单位工程具有独立的设计和施工条件,能够形成拥有独立使用功能的建筑物及构筑物,是单项工程的组成部分,通常被作为工程核算的对象。诸如工厂厂房工程中的土建工程、改善生产环境的设备安装工程,污物处理工程等,都是单项工程中所包含不同性质的单位工程。③分部工程。分部工程作为单位工程的构成部分,按照专业性质和建筑部位的不同来具体划分。一般的工业和民用建筑工程可以划分为地基与基础工程、主体结构工程、装饰装修工程、屋面工程、给排水工程、电气工程、智能建筑工程、通风与空调工程和电梯工程等分部工程;当分部工程体量较大或工序较为复杂时,可按材料种类、施工特点、施工顺序、专业系统和类别等划分成若干子分部工程。比如地基与基础工程可分出土方、桩基、地下防水、混凝土基础、砌体基础等子分部工程。④分项工程。分项工程是建筑产品的基本构建的施工过程。按照主要工程、材料、施工工艺和设备类别等将其进行划分。

比如，砌体结构子分部工程可以分为砖砌体、混凝土小型空心砌块砌体、石砌体、填充墙砌体、配筋砖砌体等分项工程。分项工程是建筑生产活动的基础，既有作业活动的独立性，彼此又有相互联系、相互制约的整体性。⑤检验批。如果每个分项工程需要多次验评，那么每次验评就被划分成一个检验批。检验批也是工程质量验收的基本单元，通常按以下原则划分：检验批内质量均匀一致，抽样应符合随机性和真实性的原则；贯彻过程控制的原则，按施工次序、便于质量验收和控制关键工序的需要划分检验批。[①]

三、建筑工程项目的特点

建筑工程项目受建筑产品多样化、空间固定以及建筑产品体形庞大等特点影响，具有明确的目标性、技术经济性以及一次性、风险性和整体性。

（一）明确的目标性

建筑工程项目在其立项投资时就已经有其明确的目的。经营性建筑工程项目的目标是实现利润最大化，而国家投资的非经营性建筑工程项目的目标是关注社会公众的福利和国家经济社会安全。建筑工程项目的目的性是进行项目管理和经济评价的基本依据。

（二）项目的技术经济性

建筑工程项目是当代工程科学技术的具体使用和实现，同时期的经济状况会同时制约和刺激工程建设技术的进步与发展。一方面建筑工程活动需要物质资料的投入作为保障，工程建设活动必须要建立在良好的经济支撑基础上；另一方面，为寻求在保证项目使用价值的同时实现较小的资源投入，在建筑工程活动中必须以先进的生产力有效整合各类资源，必须寻求技术和经济的最佳组合。

（三）项目的一次性和风险性

建筑工程项目建造在特定的地点，具有设计单一性、建造单一性、产品不可移动性和建造不可逆性等建设特点。同时，建筑工程项目还

---

①刘先春. 建筑工程项目管理[M]. 武汉：华中科技大学出版社，2018.

具有建设周期通常较长、涉及部门数量多、投资量巨大、影响因素多的特点,这些特点又决定了该项目的风险性。因而,建筑工程项目比其他工程项目有着更高的管理要求,比其他项目对风险评价的要求更为迫切。

(四)项目的整体性

建筑工程项目作为一个完整的系统流程,是为了实现建设目标、规避建造风险和不确定性,联合多方进行的有组织的活动,是一系列活动的有机组合。强调建筑工程项目的整体性,也就是强调项目的过程性和系统性。

四、建筑工程项目的基本建设程序

工程项目建设程序是指工程项目从策划、评估、决策、设计、施工到竣工验收、投入生产或交付使用的整个建设过程中,各项工作必须遵循的先后工作次序。基本建设程序是根据建设工程项目发展的内在联系、发展过程和工作经验总结出来的,是在建筑工程项目建设活动中必须遵循的先后次序。工程项目建设程序是工程建设过程客观规律的反映,是建设工程项目科学决策和顺利进行的重要保证。

建筑工程项目按照其寿命周期可以分成三个基本阶段:前期决策、建设实施期和竣工验收后投运期,每个阶段又由诸多按照一定程序连接的具体内容组成。

建筑工程项目全寿命周期基本程序如图1-1所示。

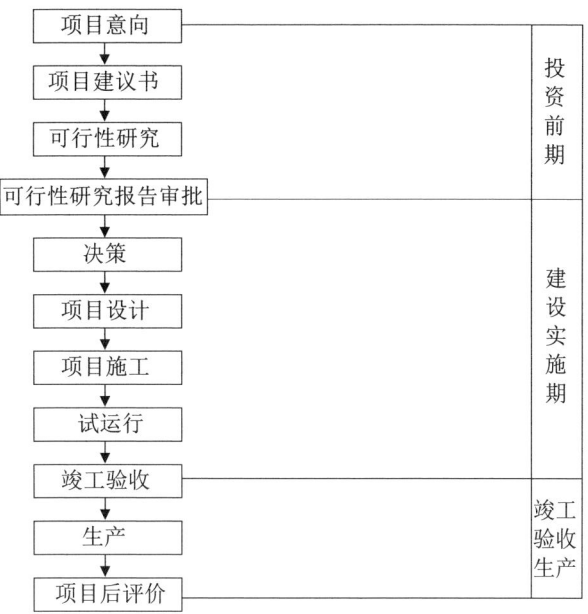

图1-1 建筑工程项目基本建设程序

第二节 基本建筑业在国民经济中的作用

学习建筑工程经济学必须了解国民经济的构成，了解建筑业在国民经济体系中的重要地位。当下，我国的建筑行业不仅具备强大的经济能力，而且具备巨大的发展能力。在社会经济发展过程中，建筑行业的支持起到了极大的作用。在实际的建筑工程项目分析中，经济是重要的出发点，也是关键的支撑点。想要更好地发展建筑业，了解建筑工程经济学，实施工程管理，关键在于经济基础的支持。对建筑业本身的结果来说，其追求的是经济效益。为此，需要不断加强对国民经济的深度了解。在建筑工程经济中，积极实施经济管理，并根据实际的经济活动，作用于整个建筑工程，同时通过微观调节，能够为工程管理，项目实施的决策提供保障。

一、国民经济的构成与核算指标

(一)国民经济的构成

经济活动主要有生产、分配、交换与消费四个环节。根据西方经济学的理论,经济主体有家庭(居民)、企业(厂商)、政府与国外市场四个部分,经济活动及其主体之间的相互联系构成了一国的国民经济。国民经济是指一个国家范围内社会生产部门、流通部门和其他经济部门所构成的互相联系的总体。从1954年到1956年,国家统计局借鉴苏联的国民收入统计理论和方法,对我国国民收入的生产、分配、消费和积累进行了核算,逐步形成了我国物质产品平衡表体系(System of Material Product-Balanre/MPS)。至此,我国有了一个较为完整并得到国际认可的国民经济核算体系。尤其是在改革开放的推动下,经济活力不断增强,随着第三产业的发展,以及新兴行业的出现,使得仅对生产部门进行核算的MPS系统提供的数据质量不足以满足经济计划和管理的需求。为保证国民经济核算工作的质量和效率,学者们将视线转向了西方的国民经济账户体系(The System Of National Accounts/SNA)。1984年,我国开始了这一新体系的研究和初步建设工作。此阶段为MPS与SN两体系共同存在、两体系交接过渡的阶段。1993年,我国取消了MPS的国民收入核算,国民经济核算正式进入SNA体系的发展阶段。此后一直使用该体系至今,不过随着统计自身的发展和国际标准的变化,在该体系的发展过程中还有待持续的改进和完善。

(二)国民经济的核算指标

国民经济的核算是以整个国民经济为对象,进行全面系统的测定、计算和说明,以便认识、掌握、指导和控制国民经济的运行,也便于对国民经济各组成部分对一国经济发展的贡献做出科学的计量与评价。

国民经济核算体系(System of National Accounts),又称国民账户体系,是西方国家用来对国民经济活动进行综合考察和统一核算的制度,亦称国民经济核算制度,其缩略语为SNA。

依据西方经济学理论,所有生产物质产品的活动和提供劳务的活动都是生产活动,凡是从事生产活动的公私企业、机构和个人都列入生产部门,一切生产部门活动的成果都是社会产品,社会产品总量是物质产品价值和服务活动价值之和。一国的国民经济是各行各业物质产品和服务活动的总和。

我国国民经济核算体系由基本核算表、国民经济账户和附属表三部分构成。基本核算表包括国内生产总值表、投入产出表、资金流量表、国际收支表和资产负债表;国民经济账户包括经济总体账户、国内机构部门账户和国外部门账户;附属表包括自然资源实物量核算表和人口资源与人力资本实物量核算表。基本核算表和国民经济账户是国民经济核算体系的中心内容,通过不同方式对国民经济的整个运行过程进行全面的描述。附属表是对基本核算表和国民经济账户的补充,对国民经济运行过程所涉及的自然资源和人口资源与人力资本进行描述。国民经济核算是高层次的宏观核算。它来源于统计、会计和业务三大核算,又是三大核算的结合。①

虽然国民经济核算体系展示出了它成熟有效的一面,但整体经济形势的快速变化仍然给它带来不小的挑战。国民经济核算质量还有一个重要衡量标准即为能否反映整个社会经济的状态和变化,因此社会经济的复杂化和多样化的发展也给国民经济核算工作带来了不断发展的动力。

(1)GDP作为核心指标的局限性:首先,GDP是流量核算,它难以反映该国的实际富裕程度(即国家财富存量),因此有必要补充相关存量的指标。其次,GDP核算中往往只进行最终总值的核算,而容易忽视供给结构和要素结构变化的量化问题。在不断进行经济变革的现在,补充相关经济结构有效性的指标很有必要。

(2)账户和指标的完善:除核心指标GDP以外,作为统筹核算社会经济的整体体系,国民经济核算体系在许多其他方面的数据有待补充,如反映经济增长质量、增长方式和可持续发展的指标、反映重大国情国力的指标等。在国民经济核算全面性不足方面,根据国际上最新的SNA-2008标准建议,可开发卫星账户来解决。

---

①武育秦,赵彬.建筑工程经济与管理 第4版[M].武汉:武汉理工大学出版社,2012.

(3)核算方法的改进:在GDP核算上我国的不变价GDP数据是分段核算的,所用指数序列的编制还沿用权重较为固定的定基指数,这在一定程度上影响了数据的质量和可理解性。在这一问题上链式指数序列具有明显的优势,是值得参考和借鉴的。此外,除了数理统计方法,还可考虑规划方法、博弈方法、控制论方法等统计方法,拓宽统计方法上的思路。

二、建筑业的现状

(一)我国建筑业的发展现状

我国的建筑行业在国民经济各行业中所占比重仅次于工业和农业,对我国经济的发展有举足轻重的作用,并且近年来整体呈平稳上升的态势,各方面都有了显著的发展。从建设能力方面,近年来各种铁路、公路、能源和水利工程等等一大批投资规模大、技术要求高的大型建设项目以高质量、高速度地建成或正在投入建设,这些项目中有很多是完全依靠我国自己的能力来设计和建设的,这极大地展示了我国日益发展的建设能力和技术。

此外,最近几年建筑业企业设施日益完善,2010年自由施工机械设备达11209484台,同比增长15%,自有施工机械设备年末总功率19386.387万千瓦,同比增长1.9%,自有施工机械设备年末净值39719872万元,同比增长7.2%。建筑业在这方面的成就极大地支持了国民经济的快速发展。从经济指标方面,首先,从总产值来看,2010年,我国建筑业总产值达26714.4亿元,增长率为19.27%,而我国国内生产总值总增长率为17.69%,表明我国建筑行业整体在向前发展,并且增长速度要略高于国内生产总值的增长速度。其中建筑业的生产总值占国内生产总值的比例由2006年的5.74%一路增长到了6.66%,占第二产业生产总值的比重有2006年的11.96%逐年增长至14.24%,由此可以看出建筑业在我国国民经济发展中的作用越来越大,对推进第二产业的整体发展起到了越来越重要的作用。此外,在建筑业的总产值中,特级建筑业的产值占17.91%,一级建筑业的产值占43.72%,二级建筑业的产值占23.15%,三级及三级以下建筑业的产值占15.22%,可见其贡献主要源自于一级和二级建筑业,相较于2009年,总体资质等级有所提高。从收益方面,建筑行业的产值利润率增速稳定。自2006年以来我国建筑行业产值利润率增速较为稳定,2010年建筑业利润总额已经达到34090741万元,相对于以往年份有了一定的提高。此外,建筑业的劳动生产率水平自2006年以来也一直呈上升趋势,到2010年已经达到每人40319.465元,这说明我国建筑行业的整体经营能力正处于平稳发展中。

建筑业作为我国经济的支柱产业,对支撑我国国民经济快速发展,提供就业岗位,改善城乡面貌、提高生活品质,满足人民群众日益增长的美好生活起到了积极的作用。根据中国建筑统计年鉴,自2011以来建筑业增加值占GDP的比重始终维持在6.75%以上,建筑业增加值年均增速为7.16%,其劳动生产率为399,656元/人,建筑业的在我国经济生活中的重要性显而易见。

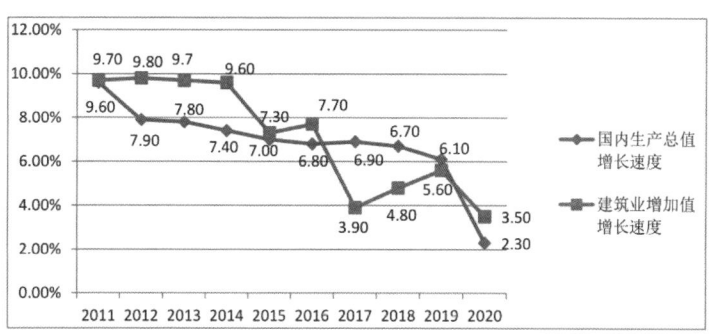

图1-1 2011-2020年中国国内生产总值与建筑业增加关系图

随着我国经济高速发展,建筑规模和面积越来越大。十多年前,建设规模上亿的单位工程对施工企业而言已是大项目。但现在,几十亿、甚至上百亿的工程越来越多。如成都天府国际机场,整个工程项目总投资780多亿人民币,总规划面积49.2 km,近期规划面积21.3 km,一期建设工程项目按2025满足年旅客吞吐量4000万人次、年货邮吞吐量70万吨、年飞机起降32万架次的目标设计,新建3条跑道和2座候机楼。单独T2航站楼东西长度就有1283 m,南北长度约520m,地下1层,地上4层,局部有夹层,总建筑面积约27.28万㎡,涉及空中、地面和地下高速铁路等多种交通设施的施工。由于施工场地广、环境复杂、作业人员众多,材料规格品种数量巨大,总分包关系交错影响,涉及的工序工艺、流程和内外部因素十分复杂。各类单位、单项工程在施工管理中所遇见的可能影响工程目标的风险点和风险因素呈现多样化特征,使得承建单位和现场项目经理部都面临巨大的组织和管理难度。同时,这样的超大型项目在实施过程中,所产生的数据信息量呈几何级数量增长。在这种情况下,作为建筑施工企业,如何找到相对便捷、有效、相对宏观的管理项目风险、提示项目风险及其积累情况的有效途径是建筑施工企业亟需解决的一个重要问题。

其次应看到,随着中国人口老龄化趋势日益明显,在建筑领域从事施工作业和管理的青壮年人员也在逐步减少。据统计,建筑业从业人口自2015年达到峰值后,近几年来一直呈下降趋势,尽管2020年因应对特殊情况的影响我国加大了基础设施和交通建设的投资力度,建筑业从业人员同比仍下降了1.11%。在这一趋势下,加之我国社会经济发展模式的逐渐转变和年青人群择业观的改变,建筑公司的人工成本大幅提高,建筑施工工人和管理人员年龄老化正已不可逆转的趋势发生。近年来虽然公司承建项目的规模越来越大,结构越来越复杂,项目组织协调越来越多,但相应公司层级和项目层级的管理人员受制于人力成本、工作环境、技术知识管理水平等原因并没有随着项目的规模成比例或满足有效管控需求的增长。在配置满足政策法规要求执业资格人员的基础上,面对僧多粥少、增速逐渐降低如2021年的建筑业增加值增速只有2.1%[3]的激烈市场竞争环境,施工企业本着减员增效、降低成本来增强其获取市场订单能力的想法,不可能在公司层面增加更多管理人员对建造过程实施更多的监督和管控。面对这种复杂的市场环境,企业如何通过改变过去过多依靠要素投入、生产粗糙的传统发展方式,快速、高效、准确地传递和管理过程信息,在协助项目经理部有效组织正常施工生产、达成预期目标的同时,提高公司对项目综合风险的认识、反应和管理能力,加强公司管理层对项目的管控力度,就成为一个亟待解决的现实问题,也是一个不同于项目经理部具体风险管理的难题。最后我们应看到,在低价竞争加剧、行业增速下降的大背景下,不规范竞争、各种垫资、拖欠工程款等干扰正常施工的行为时常发生。面对复杂多变的市场环境,建筑企业要获得进一步的竞争优势,提高低价中标下企业生产管理效率,只有依靠公司治理、内部控制和风险管控。这就要求企业在施工过程中,面对市场、管理要素和管理流程等大量不确定性的现状,要加强企业自身对项目动态风险的管理和应对机制。通过先进技术手段和管理理念去规范项目管理、运行模式和流程标准,弥补公司在项目生产时逐渐填补项目信息缺失过程中或无效沟通条件下(如海外工程、交通不便的项目或因为保密等特殊原因而难以将项目真实施工信息通过传统途径有效反馈)对项目风险的管理能力,强化公司层事中风险控制能力,做好项目风险管理和应对策略。随着计算机和网络技术的快速发展及相关理论的日渐丰富,施工企业利用信息网络技术搭建项目综合管理信息化系统,结合项目管理变革,将传统生产作业管理移植到系统中。通过其加强数据的有效传递,改进生产管理效率,在满足现场生产管理的同时,也为企业有效填补信息缺口,穿透到生产现场了解实际情况,增强对风险的感知管控和应对能力,防范项目系统性风险累积,提供了一种项目风险管理的有效辅助手段。建筑施工企业从企业资源计划系统入手,经过十多年系统性建设,行业内标杆企业已基本建成基于自身管理需求,功能相对集成的项目综合管理信息化系统。随着项目管理结构的不断变化和系统的多次迭代,项目综合管理信息化系统已逐步进入到依托系统内实时数据分析和管理施工过程风险,提供相关风险决策的前期阶段。公司各级管理层力图通过相关数据形成能反映项目风险管理的指标体系,进行项目风险评估,合理设置风险管理目标,促进公司业务部门协同配合,加强和改进风险管理,确保项目在技术、成本、质量、进度、安全、资金、材料、机械设备等核心管理目标上降低可能的风险积累。这就使得通过项目信息化系统管理项目过程风险成为一种可能。

(二)当前我国建筑业发展存在的主要问题

虽然近年来我国建筑业整体有所发展,水平稳中有升,但与发达国家相比仍存在很多问题,具体有如下几点:

①市场发育不完善。我国建筑业市场虽说在近年来有了很大的改

善,但仍没有形成较好的市场秩序,并且市场结构很不合理。发达国家的建筑业市场结构一般都呈金字塔型,即小型企业数量最多,占60%-95%;中型企业数量较少,占5%-40%;大型企业数量很少,占0.1%-0.5%。但是塔尖上几个大型建筑企业营业额却占据了较大的比例,基本占到了总营业额的30%-45%。我国建筑业是"中间大,两头小"的结构,并且营业额多集中于中型企业,带有明显的计划经济的痕迹,效益低下,难以适应市场经济,极大地制约着建筑业的健康发展,与发达国家和地区的金字塔型结构有明显不同。此外,由于我国在建筑业方面的法律法规尚不完善,以至于使得建筑业企业在运行过程中出现了很多问题,诸如合同纠纷等现象时有发生,仅去年人民法院审理合同纠纷一审案件中有关建设工程合同的案件就有81547起。过度竞争现象也愈演愈烈,尤其是近几年,随着房价的不断飙升,我国建筑队伍急剧膨胀,但是由于大多数建筑企业在技术上能力上都没什么差别,使得越来越多的企业在同一竞争水平上争夺利润,以至于很多企业为获利会采取不正当的竞争手段,如招投标过程中的暗箱操作等等,甚至恶性竞争的事件也屡有发生,这些都极大的扰乱了市场秩序。

②企业管理的问题,在发达国家,企业管理已经走上了信息化的道路,通过这种信息化,可以实现现场企业各项管理的一体化,极大的提高了企业的管理效率和效果。而我国大多数建筑业企业在企业管理方面存在很大的问题。由于建筑工地环境艰苦并且待遇不高,进入建筑业的包括管理者在内的员工的总体素质水平要比其他企业要低一些,以至于人力资源比较短缺。他们中大多数的管理者大都是从施工一线升上来的,仅凭借各自管理经验来进行管理的,尚未经过正经的管理方面知识的教育和培训,更不用说进行网络信息管理了,这也就导致了这些企业管理技能仍较为落后,有的企业的管理方式仅局限于工程监督上,无法很好的促进企业的运转,对企业的发展造成了很大的障碍。这些管理方面的问题很大程度上造成了建筑业的低效率,在建筑业从业人员超过百万人的13个省份中,仅有广东、浙江、河北、湖南四个省的建筑业劳动生产率超过18万元/人,多数建筑业从业人员数量较多的地区其劳动生产

率低于全国平均值。此外,我国的资源利用效率也有待提高,单位建筑面积消耗钢材比发达国家要高出10%-25%,这不仅易导致资源浪费,对未开发完的资源的丢弃也间接导致了环境的破坏。

第三节 建筑工程经济学中的研究对象

一、建筑经济学的研究对象

现代经济学的发展中,建筑经济学是其中的一大分支。

建筑经济学在微观经济学和宏观经济学的相关分析上,其主要是研究建筑业产业的发展,建筑业产业中,同其他产业一样,存在着如产品生产、运输、交易和清算等步骤,相应的经济活动上对于其经济构架的建设和影响对于建筑经济学来讲同样有着重要的意义和作用。单就建筑经济学来讲,其更注重于经济总量变动和产业结构变动的结果以及经济环境变化对建筑经济活动与建筑业成长发展的影响。研究建筑经济学的研究对象,将有助于清晰地阐明建筑经济学的理论体系及其研究内容。

二、建筑工程经济学的相关理论评析

(一)产品产出的增值及其过程管控

建筑工程经济学的所有理论构建里,首要的分析任务就是在建筑工程项目运作过程中生产的产品,它的价值增值和它被产出的过程。作为建筑类的产品或是说产出,其价值的增值过程大致可以从以下几个方面来讨论分析,一是工程价值链方面,二是适配的工程服务环节,三是对应的价值增值环节。而研究结论表明,在上述的三个方面中,建筑工程经济学还会分析其他有关的指标内容,例如在每一个建筑工程项目设计过程中都会涉及到的有关各类工程方案的相互比选等其他。与此同时,在建筑工程业的产业价值链和企业的价值链的相关联性大小研究中,每一个经济单位个体所体现出的其他附加价值也是构建整个建筑工程经济学的逻辑框架体系中需要进一步讨论研究的。

(二)驱动生产要素的规律

对于整个建筑工程行业来讲,施工运作周期长是一个普遍具有的特性,除此之外,建筑工程施工对于细节的要求精益求精,施工过程中的细节要素繁多而复杂。所以在建筑工程经济学的理论框架构建中,必须要对相应的生产要素进行更深层次,更加全面的研究。为了将更高效地调配已有的生产要素,让生产要素的驱动力更有实质效果,必须要跟进运动规律。在建筑工程的生产要素配置中,占了大头部分的诸如固定资产配置,流动资产的配置以及有关的负债等,需要管理决策人能够通过合理的调配来做到以更小的生产要素投入来获得更大的经济效益回报,所以这里也需要决策人能够敏锐感知到生产要素的合理配置,提高生产要素的质量和效能,最后也需要管理者能够高度管理和使用生产要素。

(三)创新和建筑业的经济增长途径

现如今的科学现代化建设进程中,对各行各业的发展都提出了相应的要求,创新作为关键的应用理念,同样适用于建筑行业的发展。探究如何利用科学技术进行合理的创新创造来提升行业平均的生产效率,提高生产力并发展企业的综合实力,是现如今每一个建筑工程单位需要尽心研究,不断追寻的问题。而当我国的建筑业能够将创新作为驱动行业发展的核心动力,以创新作为行业市场的核心竞争力时,还需考量以下几个方面的要点:首先需要考虑的是如何在实践过程中完成创新,即通过在例如施工等实践方面完成技术手艺的创新,标准的改革来促使生产要素配置更加合理,进而达到经济增长的目的。其次要思考在管理过程中如何创新管理机制来减轻管理过程成本来实现新的机制环境的更迭,最后需要思考的是如何创新投资渠道,通过不同渠道的资金注入,比如风投等,来让建筑业的经济增长有新的发展空间。

(四)建筑工程的经济活动以及建筑工程行业市场的有关规则

在建筑工程经济学的体系中,每个建筑工程项目的本身的经济活动交易以及整个建筑行业的市场规则是其研究的核心理论。建筑工程的经济活动需要在建筑行业市场的同一平台范围内进行,而建筑市场也需要建筑工程的经济活动来盘活它,所以两者相互配合但又彼此制约。我们的理论研究中所涉及到的有关建筑经济活动和建筑市场规则,我们首先需要深刻的认识其概念,并能够通过了解建筑经济活动的内涵把握好其在建筑市场中的交换关系。建筑市场的相应规则中,需要运作研究者认识到市场中关于交易方式、交易结构等的设置原因,并从中发现相关的政策法律等执行的必要性。

(五)建筑业的产业结构和生产力组织

对于建筑业来,其在产业结构上通常包含有诸如建筑企业类型、企业中存在的组织形态和建筑业产业等方面。产业结构和生产力组织,作为建筑业产业组织理论研究中重要的两个核心问题,其有着十分密切的联系。两者的研究,不仅能够充分展示出建筑业在生产过程中突出的经济特点,同时能够突显出建筑业在相关管理模式等方面的生产力组织形式的变化。而上述的各个环节都需要涵盖微观经济学的内容,同时能够切实的结合实际进行应用,并在应用中能够加倍体现出建筑经济的个性化发展。

(六)经济波动和产业行为策略

作为建筑业的发展,在现代化建设中需要承受来自经济波动的冲击较之以前将突显得更为巨大。建筑业的经济波动,同其他行业一样,都是因为供求关系的不平衡而导致的,同时研究发现,这样的经济波动难以依靠建筑企业的主观意愿来实现良好的转移,为此我们需要尽可能的避免因为经济波动而带给整个建筑业的发展有灾难性的打击。为此在建筑业的产业行为策略研究上就变得更加有意义了,其中需要认识到建筑业在国际化策略和产业链延伸策略上的良好制定,并通过调研深入结合国内形势进行建筑市场的供求

(七)经济活动分析和产业政策

通过建筑业的经济分析,能够更好的从相应的经济指标中反应出全面的经济活动状况,而这样的情况下,各项相关的经济活动的内容、目的和意义等,都将能够为整个经济构架的建设提供必要的素材。在经济学的角度上讲,其通过建筑经济活动的诸如投入产出分析、建筑产品生产环境等进行分析,确定并未建筑业的未来发展提供必要依据。而作为建

筑经济的发展,其同样是需要有相应的政策作为支撑,在相应的政策中运作,才能充分让建筑业更加贴近现代化建设的要求,如相应的环境保护和绿色建筑等。

(八)产品价格的形成和价格机制

在建筑经济学上对整体构架进行分析,其中对于建筑产品的价格形成的研究也是必不可少的,价格的形成来源于多个方面,不仅仅是单一的供求关系的影响,同时还有可能来自于复杂的经济因素,如建筑活动中所涉及到的相关特点和方式,此类事宜也使得其定价机制变得与之经济架构息息相关。价格机制对于价格的影响也是建筑经济需要思考的,相应的对于建筑产品的价值规律的研究表明,其对于各方面生产力的调节都有着影响,并发挥着举足轻重的作用。

(九)建筑经济增长中的要素累积和影响因素

研究建筑业的经济构架,则面对在其经济增长中出现的问题有必要进行相应的分析,为此在建筑业中的要素积累上,需要有涵盖宏观经济学的相关理论应用,如基于建筑业的要素产出贡献率来研究劳动投入、资本投入和科技进步对经济增长的作用等。与此同时,还需要认识到宏观经济学对于整个建筑业在经济增长中发挥的积极作用,经济因素作为建筑业的外在推动力,其对于整个行业发展有着很强的促进作用,其能够从基础上对建筑的产业结构实现更变,并对整个国民经济的发展起到极大的提升。

第四节 建筑工程经济学评价的要素与原则

一、评价体系构成因素

(一)投资

建筑工程经济评价中首先要考虑投资性,投资是经济主体为了获得预期的收益而选择垫付资金或其他资源的行为。建筑工程中的投资可以以资产形态、投资用途、投资性质、工程内容等为标准进行类型的划分。本书主要按投资性质来构成经济评价体系,分为固定资产投资和流动资金投资。固定资产投资是指建筑工程中可以长期反复使用的物质资料,使用年限在一年以上,单位价值也要固定限额之上。通常从建筑工程投资,设备工具器具投资,安装工程投资以及预备费来评价。而流动资产则是供生产和经营过程中周转使用的资金。

(二)成本

而工程项目中的成本是在工期内为工程本身或提供例如运输服务等所发生的全部费用。成本可分为固定成本、变动成本。固定成本是指总成本中,不随产品产量变化而发生变化的成本。即产量在一定范围内变动时,该成本总额保持不变。主要包括折旧费、行政管理费、照明、供暖、广告、研究开发等费用。变动成本是指总成本中随产品产量变化而发生变化的成本。例如购买原材料和辅助材料费用、能源费用、外加工费用、计件工资形式下的生产工人工资等。

(三)折旧

固定资产由于长期使用,不断地损耗和磨损,逐渐丧失了原来的使用价值,企业为了将来更新固定资产,将其磨损部分价值逐年转移到产品成本中去,从而补偿固定资产价值的损耗。这种补偿固定资产价值损耗的方法称为折旧。从产品销售收入中提取折旧费的数额应根据固定资产的有形磨损和无形磨损来确定。按照国家的有关规定,企业固定资产折旧方法可在税法允许的范围内由企业自行确定,一般采用年限平均法和工作量法,税法也允许对某些机器设备采用快速折旧法.即双倍余额递减法和年数总和法。

(四)税金

税金是国家利用其政治权力强制参与企业收入分配的一种重要手段;缴纳税金是纳税人为国家和社会应尽的义务。根据现行会计制度规定,税金及附加主要有:进入产品成本费用的税金有房产税、土地使用税、车船使用税、印花税,以及进口原材料、备品备件的关税和产品税(增值税)。从销售收入中直接扣除的销售税金及附加有营业税、城市维护建设税、教育费附加,以及产品税、增值税和资源税。从利润中扣除的有所得税。各种税金及附加按现行税法规定的税目、税率、计税依据进行计算。

(五)利润

利润是企业在一定时期内的经营成果,包括营业利润和投资净收益及营业外收支净额。工程项目经济分析中,利润按照下列顺序分配:

1.弥补以前年度亏损。按照税法规定,企业发生的年度亏损,可以用下一纳税年度所得税前的利润弥补;下一纳税年度的所得不足弥补的,可以逐年延续弥补。延续弥补最长不得超过五5年,5年后用税后利润弥补。

2.提取盈余公积金。企业当期实现的净利润,加上年初未分配利润(或减去年初未弥补的亏损)和其他转入的余额,为可供分配的利润。从可供分配的利润提取的盈余公积金分为两种:一是法定盈余公积金,一般按当期实现净利润的10%提取,累计金额达到注册资本的50%后,可以不再提取;二是法定公益金,按当期实现净利润的5%~10%提取

3.向投资者分配利润或股利。可供分配的利润减去应提取的法定盈余公积金、法定公益金等后,即为可供投资者分配的利润。此时,企业应首先支付优先股股利,然后提取任意盈余公积金(比例自主决定),最后支付各投资方利润。

4.未分配利润。可供投资者分配利润减去优先股股利、任意盈余公积金和各投资方利润后,所余部分为未分配利润。

二、评价指标体系构建原则

建立一套科学合理的评价指标体系是展开绿色施工评价的基础,评价指标体系的合理性直接影响到施工评价模型的可行性。施工评价指标体系的构建应考虑方方面面的影响因素,不能遗漏,又不能冗杂,必须全面、客观地反映建筑施工评价的结果,应遵循以下几点原则:

(一)可靠性和可操作性原则

指标的选取应具有可靠性,不能脱离工程实际,不能脱离国家规范标

准及地方性法规,不能凭空捏造,不能主观臆断,应有权威来源做支撑,做到指标选择可溯及,标准获得有依据。评价指标的设置也要具备可操作性,有明确的执行办法,有对应的评判准则同时内容不能过于繁琐,工作量太大会加大获取数据的难度,使评价过程难于推进造成可行性差。

(二)定量与定性相结合的原则

指标是否易于度量、易于分析、易于操作是我们构建一套综合评价指标体系要着重考虑的,而解决此类问题的关键是设置足够的定量指标,使建立的评价指标体系更具有实操性与客观性。因此,绿色施工评价指标应尽可能提取定量指标,增强指标体系的科学性,但由于建筑工程绿色施工内涵丰富,涵盖内容较广,建立的评价指标体系也必然会有以定性分析为主的指标,定性与定量分析相辅相成,因此评价指标体系应按照定量与定性相结合的原则进行构建。

(三)全面性和独立性原则

要想准确评价工程项目的绿色施工水平就必须保证评价指标选取的全面性,核心指标的遗漏可能会造成评价结果的不准确,甚至会造成目标方向的偏差。因此,应把与评价目标相关的重要影响因素全部囊括在内,统筹兼顾各因素集。在坚持全面性原则的前提下,指标选取也应具有相对独立性,指标体系中若存在过多交叉重叠的指标,容易造成重复性评价,使评价过程复杂化。

(四)动态性原则

由于绿色施工过程的复杂性和动态性,绿色施工的内涵会随着时代的发展和人类需求的变化而不断丰富,对于构建的评价指标体系其指标的选取及评价标准的设定也应考虑到建筑工程绿色施工现在的状态以及未来趋势的发展,既能反映时代特性又能与时俱进地跟进与调整。

(五)导向性原则

构建的绿色施工评价指标体系应有导向作用,能够引导施工企业乃至整个行业找到确切因素,通过改进技术,加强管理与投入,优化施工流程,迈向绿色施工的轨道上来。

（六）可持续发展原则

进行绿色施工综合评价的目的就是及时发现不符合绿色施工的行为，敦促施工企业践行绿色施工理念，推动施工企业绿色生产。因此在施工过程中应把影响施工绿色度、可持续发展的因素包含在绿色施工评价指标体系中，尽量覆盖节能环保指标项，所有指标都应内涵绿色施工与可持续发展理念，从而实现建筑工程项目绿色化，促进整个行业乃至整个社会的可持续发展。

第二章 资金流量与资金的时间价值

第一节 现金流量的组成和表示

一、现金流量的内涵

正确理解项目方案生命周期中每个时期(时间点)的现金流是评估项目方案的基础。在工程经济分析中,被评估的项目方案被视为一个独立的经济系统,如公司、地区、部门或国家。简单来说流进系统中间的自然就是现金流入了,反之流出去的资金就是现金支出,如果在同一个时间点或流进来的资金和流出去的金额大小不一,就会产生一个差额,我们把这个差值就称之为净现金流量。

通过系统的现金流入和流出的差异,区分为正和负的现金流。现金流入通常被描述为正数,现金流出被描述为负数。这样一来我们就能够通过现金流的正负值来判断数据的一些发展状况。如果净现金流量是正值的话,就说明是正净现金流,也就是现金是流入的;反过来讲,如果是现金流出,那么净现金流量值就是负值。流入和流出的代数和为零,则现金净流入和支出相抵为零,互相抵消。

二、现金流量的组成

在建筑工程中的经济分析和财务评估中,构成系统现金流的要素主要是现金流入和现金流出。

第一,现金流入量。

销售收入。销售收入是指项目建成投产后销售商品和提供服务的货币收入,是直接反映项目实际收益的重要经济参数。因此,在项目的经济分析和财务评价中,应将销售收入作为一个重要的现金流入项目来计算。

利润。利润是项目系统经济目标的集中表现,也是一个经济项目的最终结果和目标所在,更是反映项目经济效益的重要综合指标。企业的利润总额包括销售利润、投资净收益和营业外收支净额。如果利润总额为正数,意味着盈利;如果为负数,意味着亏损。因此,在项目的经济分析和财务评价中,应将利润作为一个重要的现金流入项目来计算。

补贴。对项目的补贴是与企业缴纳的税款方向相反的货币流。如果补贴是专门为鼓励或支持项目系统而发生的,那么在项目的经济分析和财务评价中应作为现金流入项目来计算。如果补贴体现在价格、税收、汇率等方面的优惠政策上,那么补贴的效益已经体现在项目收入的增加或支出的减少上,因此在进行工程经济分析和财务评价时不需要单独计算现金流入或现金流出项目。在补偿项目的实施后的整个国民经济的评价过程中,由于这种补偿项目既不引起增加国民收入又并不引起降低整个社会资源,国民收入本身并不会因这种补偿项目而发生改变,它实际上只是补偿项目所有者和地方政府所有者间发生的又一次的资本转移。所以,在整个国民经济的评价体系中,补贴收入并远不能完全算作是现金的流入,甚至根本不算是现金流出。

回收固定资产的净残值。在项目的经济寿命(使用寿命)周期结束后,固定资产报废时,扣除清算费用后的余额就是固定资产的净残值。在项目经济分析和财务评价中,固定资产净残值的回收应作为现金流入项目来计算。

回收营运资金。流动资金的回收是指在项目经济寿命(使用寿命)周期结束后,生产经营活动停止时,回收在投产时或投产后投入的流动资金。在项目经济分析和财务评价中,营运资金的回收应作为现金流入项目来计算。

第二,现金流出的数额。

固定资产投资及其在建造期的贷款利率。用于建设项目的固定资产投资,一般来说,在建设期已经全面资金投入信息系统,其在建设期的借款利息也已经变为本金进入信息系统。所以,在建设项目的经济分析和财务管理评估中,企业投资和项目建设期的贷款利率都应纳入整个体系的企业现金资产核算。

营运资本投资。项目建成投产后,应向系统投入营运资金,以保证生产经营活动的正常运行。因此,在项目的经济分析和财务评价中,应将营运资金的投资作为现金流出项目计算。

经营成本。营业成本是指项目建成投产后,在整个经营期内为生产产品或提供劳务所发生的经常性成本支出。因此,在项目的经济分析和财务评价中,经营成本应作为现金流出项目来计算。

税收。目前,国家征收和适用十多种与企业生产和经营活动密切相关的税种。在项目的工程经济评价中,税收被算作现金流的重要内容,但在国民经济评价中,企业缴纳的税收并没有减少国民收入,也没有改变社会资源,因此,项目向政府转移的只是相关资源的分配和使用权,这是整个国民经济体系这是一种内部转移支付,不是项目成本。因此,它既不是国民账户中的现金流,也不是现金流入。

新的固定资本形成和营运资本形成。在项目完成建设并投入使用后,如果在项目期间需要增加投资,新增加的固定资本和流动资本投资在技术经济分析和财务评估中被算作现金流出项目。

三、现金流量和财务收支的不同

准确性对建筑工程经济学的相关研究至关重要,因为它们涉及拟议项目的未来现金流,因此是对系统的经济性能和投入的预测。会计工作记录了实际的财务成本和收益,因此,记录的完整性和准确性很重要。

工程经济学中的现金流会计假定了一个特定的财务经济系统,并将其所有的投入和产出视为现金流,在其发生时进行核算。对实际的固定财产以及无形资产的投资作为在建设期作为一次性成本发生,并作为现金流处理,因此在生产和使用期作为生产成本折旧,是折旧成本摊销,然后作为现金流处理,以避免重复计算。但是其实它们应该被视为产品成本的一部分,并在这一时期内摊销。

在项目的经济分析中,由于研究的范围和角度不同,现金流包含了不同的内容。例如,公司向政府缴纳的税款是公司的现金流出,但由于社会资源的数量不变,国民经济的收入也不变,所以既不是国民经济的流出,也不是国民经济的流入,而只是在国内分配和使用货币的权利的流动,在会计上被当作公司的财务费用处理。

建筑工程经济学中的现金流不仅指现金,也指支票等支付的一些凭证,而现金会计只指现金。

四、现金流量的表示

对于现金流量的表示,通常是有两种表达的方式,分别是现金流量表和现金流量图,通过这两种方式的名称我们就可以发现,这两种方式的使用和展示各有其优点。

(一)现金流量表

现金流量表是一个显示项目报告期每一年的现金资产进入、排出和净现金流量的图表。现金流量表的纵栏包括资金流量基本要素、建设期、调试期、生产期和投资回收期,横栏则包括整个项目期的关键数字和每个资金流量基本要素的计算结果。现金流量表在横轴上显示了资金流量的变化,,在纵轴上显示了按年份划分的现金流入和流出。

(二)现金流量图

现金流图是对一个项目系统生命周期中每个点的现金流输入和输出的图示。现金流图是一个垂直于时间的现金流图,纵轴代表现金流,横轴代表时间坐标。

现金流量图的优点是将项目系统中的现金流入或流出的时间积累、金额等用坐标图描绘出来,显得非常直观、清晰,便于检查和控制,可以减少或避免误差。纵轴为现金流量坐标轴,其单位很容易理解,如元、万元等,而且可以方便准确地调整。水平时间坐标轴的时间间隔相等,时间单位可酌情取舍,如年、季、月、周、日等。正的货币流入用一个向上的箭头表示,负的货币流出用一个向下的箭头表示。箭头线的长度足以区分货币流量的大小,通常以近似的比例绘制。时间坐标的起点通常取自施工期的开始,但也可以取自生产的开始(施工期结束),分析或计算的开始时间通常设定在时间坐标的起点。为了巩固计算方法和便于比较,通常认为投资是在期初进行的,而销售、经营成本、利润和税收则是在期末进行的。固定资产和营运资本的净剩余价值的回收在项目的经济寿命结束时进行。[①]

五、建筑施工企业现金流量管理

(一)建筑施工进行现金管理的意义

现金是建筑公司最具流动性的资源。现金流管理的水平影响着建筑公司的顺利运作,影响着营业额、债务偿还和盈利能力。建筑企业要想提高收益质量,增加企业价值,实现平稳发展,就要认识到现金流量管理不能只是嘴上空谈,必须要在实际的财务工作中引起重视,因为其对于企业的整个管理和长远发展来看是很重要的。

(二)建筑施工现金流量管理的现况

1.盲目投标,项目预算不全面

随着建筑企业的快速发展和行业竞争的加剧,建筑项目的初步预算主要由公司技术部门的预算部门编制,预算部门在编制预算时不考虑资金的时间价值,只是根据当时的定额标准确定某个项目的工程造价,不考虑资金很多项目负责人只检查项目的质量。

2.建设周期较长,资金周转缓慢

我们都知道建筑施工企业一般的建设项目都是需要很长的建设和完成周期的,在一个项目建设初期包含招标、计划等,在项目的建设中,即便是保证所有施工计划正常运行的情况下,也可能因为一些未知的人力或者是不可控的因素会造成施工计划的搁置,这就在一定程度上浪费了时间,建设一个工程完毕后还会有验收等等环节,所以说经常是会超过会计的一个核算周期的,那么我们在实际运用会计工作分期确认收入的实现时,用的是"完成百分比法",有一个专门的计算公式,建筑施工完成的比例等于已经发生的成本(或者是预计会消耗的总成本)乘以合同的总收入,再减去之前期间内已经确认的收入,从此可以看出来建筑工程施工的整个项目周期比较的长,所以相对来说资金的周转也非常的缓

---

①贤萍.建筑施工企业现金流量管理探讨[J].中国市场,2020(11):114-115.

慢。表现在:周转率低,整个建设项目的工作时常高。近年来,部分建筑公司往往长期不支付材料和劳务的款项,导致建筑公司的长期应收账款数额很大。为什么建筑企业会出现这种现象？笔者认为,除了建筑企业自身的长期性特点外,主要原因是行业经营模式和资金管理的不完善。有两个方面的原因和表现:第一是基本上所有的施工建筑项目的合同都会有一个共同的约定,要求再竣工决算后要预留总决算的金额百分之五至百分之十质保金的条款,但这笔资金并不是一个小小的数目,最主要的是于此同时需要占用的时间也比较的久,一般要到三至五年。第二是部分的企业在建造施工的时候需要很多的一些材料费和劳务费的支付,而这些金额也不小,且都是需要在施工前就垫付的。所以说阐述的这些因素都会在一定程度上影响和导致应收账款的周转率不高,甚至是非常的低。

3.承揽跨地区建造施工项目,资金管理难度加大

建筑公司有较长的工作周期,以及庞大的工作场所。网上信息披露的加强,使得大多数建筑工程可以在网上公开进行相关信息的展示,大多数建筑公司,无论是否在本地,只要符合条件,都可以参与项目投标。由于建筑项目不在本地,建筑公司在早期容易出现重复投资和材料、人工、成本的浪费,而且由于项目现场离公司财务部门较远,在提交相关发票和资料时存在延误,财务部门无法监督每笔资金的收付是否合理,可能无法及时跟踪。在这种情况下,由于缺乏健全的财务管理制度和合理的预算,可能导致公司的现金流出量大幅增加,使公司面临严重的财务压力。

4.管理层对缺乏现金流量管理的重视度

中小企业的管理人员不注重流动资金工作。许多管理者痴迷于企业盈利的最大化,而忽视了企业内部现金流的重要性。这导致利润表中反映的净利润率很高,但中小企业的流动资金很差,高净利润率并不意味着中小企业有足够的现款。财务管理意识导致了现金管理和现金预算系统的缺乏,小型建筑公司甚至没有正式的现款预算系统,,导致现金流不畅。

(三)建筑施工企业现金流量管理的对策

1.在招标阶段加强预算造价的全面性

早在投标前阶段,无论是企业的管理人员还是相关项目的负责人员、以及会计工作人员就应认真编制项目费用预算,考虑相关的成本效益因素,并为现金流量的管理建立一个良好的基础。建筑公司应将项目预算建立在招标文件、整体战略、具体业务条件、高低资本成本和现金预算的基础上,不要忽视仅基于公司能力的盈利指标。

2.缩短运营资本周期,减少资本压力

净现金流量的充足性对于适当的流动性管理和管理运营风险都很重要。建筑公司需要根据建筑合同的条款组织资本,以缩短运营资本周期。营运资金天数=应收账款营业额+现金营业额-应付账款营业额。根据这个公式,企业应努力压缩应收账款的回收期,拉长负债的偿还期。企业可以通过压缩信贷期限、收紧信贷政策和提供现金奖励来压缩收款期,还可以利用拉长信用期和放宽信用政策等方法拉长付款期限,以加快企业的资本周转,减少资本压力和管理风险。

3.统一资本管理,加强现金流管理

当一个建筑公司执行多个建设项目时,尤其是跨地区的项目,应针对每个执行的建设项目设立"项目部",由财务部门按照公司的现金计划进行资金收付,统一结算。为了更好地实施和监督在编现金预算,企业可以在一个项目单位中设立多个项目部,除了一小部分储备金和其他款项由公司财务部统一收取和支付外,这样企业就可以控制从采购、付款到销售、最后收款这一整个环节的经营活动,企业能够更好的调理与分配资金,资金预算也可以落实到实处,企业的现金流的管理就会更加的规范化,这样对于企业的可持续发展也是更加有利的。

4.加强管理层对现金流量管理的重视

对于想要优化现金流管理的建筑公司来说,第一步是要得到企业相关管理团队的大力支持。公司的财务人员需要加强与管理团队的沟通,确保他们了解现金流量的重要性。为公司的长期发展管理现金流意味着,如果公司的现金流看起来停滞不前,公司就像一个停滞不前的一潭死水,没有可持续性的发展生机和活力,更不用说长期发展了。管理层需要监控整个现金预算,提高每个部门的绩效,以便自上而下建立现金流管理和现金预算。现金预算发挥着预测和财务管理的功能,是现金流量管理的起点。管理层应加强现金预算管理,建立全面的现金预算制度,分析每个项目的指标,根据每个项目的进展情况合理调整现金预算指标,监测绩效结果,评价管理结果,实施包括评价结果奖励的现金预算制度。管理层还需要通过预算监测、预算分析、预算调整和预算评估,避免企业现金管理的中断,改善企业资本和资金的使用。

第二节 资金的时间价值计算及应用

一、资金时间价值的内涵

资金的时间价值,也被称之为商品货币的时候价值,必须从两个概念来理解。首先,它是通过钱币流动过程(生产和活动过程)的钱币经济价值,即使用一定数量的钱币进行一定的投资,可能产生一定的收入或利润。在此期间,资本的附加值就是资本的"时间价值"。其次,放弃使用资金的权利意味着失去赚取一定数量金钱的机会,这与支付一定的价格相同。因此,货币的时间价值是指因放弃使用货币而牺牲的一定时期的成本或价值。简单地说,现在你手中的一美元比未来的一美元更不值钱,即使你忽略了通货膨胀。这种价值上的差异是由于时间的流逝,因此被称为货币的时间价值。然而,货币不能产生货币,也就是说货币本身是不能被复制的,只有在生产活动过程中引入一定数量的货币,将其转化为货币资本,并购买生产要素后,才会通过复杂的生产和流通过程创造出新的价值。当一个企业使用资本进行生产活动时,利润率就是货币的时间价值。当企业使用借来的资本进行活动时,部分收益以利息的形态提供给资本持有者,这是资本持有者因借入资金而获得的货币时间价值。

资金的时间价值受许多因素的影响,其中最重要的是:①资金投入和回收的特点;在第一期投入的资金越多,货币的负收益就越高;反之,在后期投入的资金越多,货币的负收益就越低。而对于一定的回购量,时限越近,收回的资本越多;反之,时间越远,资金的时间价值就越低。②货币量的大小。在其他条件相同的情况下,货币量越大,货币的时间价值越高;反之,货币量越少,货币的时间价值越低。[①]

换句话说,资金的时间价值是客观存在的。在生产和经营管理活动中,应最大限度地利用资金的时间价值,尽最大努力缩短建设周期,加快资金周转,节约成本和时间,提高资金的经济收益。所有未使用的资金也就是货币的闲置都会失去资金的时间价值。

二、名义利率和实际利率

(一)利率

一个国家如何能够衡量自己国家社会的经济发展情况,可以通过利率来看,这个因素是衡量各个国家发展国民经济的非常重要的一个杠杆。在经济学研究中,利率的概念和定义是从利息的相关概念中演变而来的。从这里我们可以看出,在针对理论的研究上,首先是确定了利息,其次就进一步使用利息来阐释了利率的概念。在具体的实践中计算的时候,刚好是相反的情况,是经常会使用利率来计算利息的。

利率的概念——在固定的单位时间内所得的利息额和原借贷的比,一般是使用百分数来表示的,表示如下:

$$I = \frac{I_t}{P} \times 100\%$$

式中:i——利率;

I_t——单位时间内所得的利息额。

在借贷的过程里表示表示计算利息的时间单位,这个周期用字母t代表,一般是天周、月、季度、半年或者年。

[①]邢亚倩.基于资金时间价值的投标决策过程的资源优化[D].成都:西南交通大学,2012.

(二)利息

在借贷过程中债务人支付给债权人超过原借贷金额的部分就是利息。即：

$$I=F-P$$

式中：I——利息；

F——当前债务人应付(或者债权人应收)总金额，就是还本付息总额；

P——原借贷金额，也就是本金。

在工程经济研究中，利息通常被认为是资金的机会成本。这是因为，放弃使用资金的权利，就等于放弃了获利的机会，这在某种程度上来说就等于付出了代价。实际上，投资是对当前资金的一种协调和安排，以便在未来可以获得更高的回报。很明显，未来的回报必须超过当前的投资，对这种价值增长的预期是人们投资的动力。因此，在对建筑工程经济活动的分析中，利息往往是为占用资金承诺所支付的价格或为其舍弃资金所获得的一种补偿。

三、资金时间价值的影响

(一)对单个工程方案的影响

对于每一个单独的建筑工程计划和方案，主要有考虑资金的时间价值和不考虑资金时间价值的分别，在下面笔者结合具体的实践案例，来讲资金的时间价值对建筑工程经济的影响做详细的分析和对比。

首先，有一个投资的人想要通过出租车运营的事业来获取利益，他计划投资二十万元，并且希望能够在五年的时间就可以将自己投入的本金回收，那么如果折现的利率是百分之十五的话，要求计算平均每一年最少要有多少收入才能够达到这个投资人的预期。

解：针对这个问题我们就可以从两个方面来分析考虑，第一是考虑资金的时间价值，那么就是二十万元全部就如同是借进来的资金，根据题目我们可以知道利率是百分之十五，在五年后我们要偿还所有的本息和，那么每年年末应分摊到的本息和即为所求：每年的最少收入：$A=P\times(A/P,i,n)=20\times0.29832=5.9664$ 万元；第二是不考虑资金的时间价值，也就是说忽略掉了时间这个因素的影响,那么就是题目中所说的折现率:A=P/n=20/5=4万元。

其次,有一个企业想要自己建立一个生产线,同样也是计划在五年后要能够有一千万的资金,假设年利率是百分之十,要求算清楚现在需要存多少钱到银行里面。

解:和第一题一样,同样是从两个角度出发,第一,不考虑资金时间价值:即忽略时间因素,即题中的年利率。P=F=1000万元。第二,考虑时间价值:即存入银行一定数额资金,利用资金时间价值,即年利率,使5年后本息和达到1000万元。P=F×(P/F,i,n)=1000×0.6209=620.9万元。

从上面的两个例子可以分析和总结出来,用两种方法得到的数据结果有力地反映了资金的时间价值对经济问题有重大影响。如果不考虑时间因素,在第一个例子中会导致资源的错误配置,致使资源的浪费,在第二个例子中会导致大量资金的浪费。因此,特别是对于大型投资和工程建设期较长的项目,在计算和回收投资成本时不考虑资金的时间价值会导致财务决策的错误和资源的浪费。

(二)对多种方案选择的影响

若对于同一工程具有多种方案可供选择,则需要选取最有利方案进行执行。通常会涉及名义利率与实际利率。名义利率指年利率i;实际利率指利息与本金之比,若年利率i,一年计息m次,则每次计息利率为i/m。年末本利和=P(1+i/m)m,利息=p(1+i/m)m-p,实际利率=(1+i/m)m-1。

下面,仍然以具体实例,直观阐述资金时间价值对与多方案选择时产生的影响。

某厂拟向两个银行贷款以扩大生产,甲银行年利率为16%,计息每年一次。乙银行年利率为15%,但每月计息一次。试比较哪家银行贷款条件优惠些?

分析:i甲=16%、i乙=(1+r/n)、n-1=(1+0.15/12)12-1=16.0755%

因为i甲<i乙,所以甲银行贷款条件优惠些。

正如这个问题所显示的,使用由利率决定的货币时间价值可以在选择方案中发挥重要作用。除了利率与资金的时间价值有关外,净现值在决策选择中也发挥着重要作用。净现值是动态评估的一个重要指标。具体来说,它是项目期内每年产生的净现金流的累计净现值,以同期固定的贴现率进行贴现;净现值越高,在不同的备选方案中选择的收益越大,效果也是更好。

  从上面的分析和解释可以看出,不考虑资金的时间价值往往会导致不正确的项目评价。其中一个是决策失误造成的,如放弃不应该放弃的项目或选择不应该选择的项目。另一种是反映在管理实践中,如不考虑资金的时间价值,取得比较乐观的结果,这影响了决策者对项目的控制和规划。然而,在建筑工程的一些项目实施过程中,不可避免地出现时间因素,实际价值与预期价值相差甚远,造成了一定的损失。因此,特别是对于建筑领域的大型投资和长期项目,必须充分考虑资金的时间价值,以做出正确的决策。随着社会的发展和进步,资金时间价值理论得到了更广泛的应用,这样一来促进了相关管理和工作人员在做投资决策的时候也更加理性,资本资源的优化配置也更加到位。

第三节 资金的等值计算及应用

  "等值"的概念是指在不同时间具有不同绝对价值的资金,根据时间因素具有同等价值。在建设工程的一些项目的经济分析中,等值是一个非常重要的概念,它为评价和比较不同时间点的资金使用效率提供重要依据。

  一个时间点(或多个时间点)的一笔钱可以用等值的概念转换成另一个时间点(或多个时间点)的一笔钱,这个转换过程称为货币等值计算。[1]

一、资金等值的内涵

  货币等值是一个计算过程,通过这个过程,出现在不同时间和不同绝

---

[1]王运鑫.资金等值计算公式研究综述[J].中小企业管理与科技,2020(03):81−83.

对值的两种资金或一系列资金在衡量货币的时间价值方面保持相等。在不同的时间点上的资金总和被转换为单一的付款或一系列按给定利率的等额付款的过程被称为等值计算。

例如,一笔贷款可能在到期时一次性支付本金和利息,等额或不等额支付本金和利息,或每年支付利息以偿还到期的本金和利息。在本条款规定的本金可与利息一起全额支付的情况下,所有这些付款将等同于其实际金额,而未来的付款或一系列已知的实际付款金额的选择也将是相等的。

资金等值包括三个因素,即资金额大小、资金发生的时间和衡量标准(利率)大小。在某一利率下,现在的一笔资金额往往与未来的一笔更大的支付金额相等。这个未来时间的金额被转换为现在时间的金额,这被称为现值。

与现值等价的未来时点上的资金额,称为终值,将未来某一时间点发生的资金用资金时间价值的尺度(如利率)折算成现在时点相应资金数额的过程,叫做贴现(或折现)。

二、资金等值计算及应用

(一)计算公式

对资金等值的分析和研究,离不开学习清楚资金等值几计算的一些公式,要想对实际的一些应用题目进行解答,就要先学习好理论知识,计算公式如下所示。

一次支付现值:已知项——F,欲求项——P,系数符号——(P/F,i,n),公式:$P=F(1+i)^{-n}$。

一次支付终值:已知项——P,欲求项——F,系数符号——(F/P,i,n),公式:$F=P(1+i)^n$。

等额支付终值:已知项——A,欲求项——F,系数符号——(F/A,i,n),公式:$F=A\dfrac{(1+i)^n-1}{i}$。

年金现值:已知项——A,欲求项——P,系数符号——(P/A,i,n),公式：$P=A\dfrac{(1+i)^n-1}{i(1+i)^n}$。

偿债基金：已知项——F，欲求项——A，系数符号——（A/F，i，n），公式：$A=F\dfrac{i}{(1+i)^n-1}$。

资金回收：已知项——P，欲求项——A，系数符号——（A/P，i，n），公式：$A=P\dfrac{i(1+i)^n}{(1+i)^n-1}$。

（二）应用

第一个题目：假设一个公司用单利的范式一次性的借进来两千万元的资金，借钱的时间是三年的期限，年利率在百分之八，到了偿还的时间后就要一次性的还本付息，问题是算出到了第三年年末的时候需要偿还多少本利和。

首先我们要对整个题目进行思考和分析，弄清楚整个题目是想考察什么知识点，通过对于题目的阅读和分析后，我们知道了这个题目就是想要计算单利计息。那我们就要先计算出第一年的利息是多少，再以此算出三年的总利息，最后得出三年的本利和，计算的式子展示如下。

第二个题目：一个建筑施工的企业在每一年年末的时候都要往银行存进去一百万元，这笔资金的计划是在三年后进行企业技术方面的改造和升级，我们已经得知了银行存款的年利率是百分之五，按照年复利计息，到第三年年末的时候我们能从银行取出来用于技术改造的资金一共有多少。

很明显通过题目的阅读和分析，我们就会发现这个题目考察的是年金与终值的计算，计算过程如下。

$$F=A(F/A,i,n)=A\dfrac{(1+i)^n-1}{i}=100\dfrac{(1+0.05)^3-1}{0.05}=315.25（万元）$$

第三章 技术经济分析的基本原理与程序

第一节 经济效果评价概述

一、技术经济分析

（一）技术经济分析作用

为了实现项目最终的总投资不超可行性研究阶段的项目测算，在各阶段就需要采用科学的技术经济分析，选择合理的决策方案及合适的设计施工方案。

在项目决策阶段，投资方案较多，如何决策需要有科学合理的方法。技术经济分析可以提供重要决策依据。在各阶段的项目建设过程中，前期投资决策对工程造价影响最大，一般可能会达到70%左右。在项目实施前，可调整的空间最大。利用技术经济分析，可以对项目规模、设备技术参数、工程施工方案等进行有效成本控制。另外前期的技术经济分析，也有利于企业对固定资产投资宏观调控，有利于提高企业投资决策水平，对于企业调动各类资源合理化配置，优化企业投资结构，减少和规避企业投资风险，充分发挥企业投资效益等等方面均能发挥其重要作用。

在设计阶段设计人员需要在项目建设单位约定的限额指标范围内进行设计，就必须对设计方案进行技术经济分析。在项目总平面规划设计、施工方案与工艺选择、建筑主体结构与外形设计、建筑材料选用、设备设施选用等过程中的每一个步骤，设计人员都需要关注技术和经济之间相互影响，理性处理好工程建设项目所运用的技术先进性与所花费的成本合理性之间的关系。

在项目招投标阶段,各投标人在编制技术标的时候,也需要结合自身公司的技术实力,进行技术经济分析。技术标在评审中如果不达标,投标单位的投标也就失去意义,而对招标方来说也就失去了竞标的意义。另外如果优秀的投标单位能提供更有利于甲方的技术方案,对方双方而言就是一种共赢局面。

施工阶段是企业对项目直接投入资金最多的一个阶段,过程中不可预见的因素非常多,建设单位需要针对各种影响因素,利用技术经济分析方法来合理选择施工方案、处理现场签证以及工程变更和合同索赔,达到控制项目成本目的。

在工程竣工阶段通过三算(概算、预算、决算)对比分析,总结技术经济分析成效,检验投资控制的工作成效,为未来新项目提供对比数据资料。

(二)技术经济分析内容

技术经济分析内容主要包括两方面:其一是技术可行性分析,他注重的是技术先进与否,适用性和安全性如何,技术效率性如何,社会效益性如何;其二是经济合理性分析,主要是财务效果分析与评价,不确定性分析与评价。

技术经济分析是一项实践性很强的工作。他主要是将定性研究和定量研究结合起来,讲究使用各种数学公式、建立各种数学模型来进行分析评价。基于此,技术经济分析主要有调查研究法、数理计算法、论证分析法。①调查研究。搜集各种有关产品方面的技术经济的基本数据和原始资料,总结梳理提炼产品技术发展的普遍规律与实践经验教训,发现实际财务经济工作中可能存在的各种问题。②数理计算。在调查研究分析的基础上进行有关经济方面的数学计算。③论证分析。通过对产品有关资料、影响因素、数据以及计算结果,进行系统性分析,最后得出综合结论。

技术经济的分析原理是,将可以使用的技术和实际取得的经济效益进行深度分析,并且进行有效结合,从而让工程项目的最核心技术进行全面化的对比和选择。传统技术形式是,研究工程项目的施工阶段所采用的各类方法,可以起到保证工程施工质量的作用,而对于取得的经济收益,包括施工阶段对成本进行的合理控制以及工程项目建设之后可采取的技术手段,通过对于这两个参数的全面分析和研究,可让工程项目的实际施工水平大幅度提高。另外目前"技术"概念的外延扩宽,比如原有的技术主要是施工阶段使用的各类管理方法,而对于新型的技术使用要涵盖对于美学方面的需求、管理方法方面的需求等。

在利用技术经济分析对不同的项目方案经济效果进行评价的时候,需要选择科学合理的对比方案,才能做出合理正确的评价,得出合理正确的结论。基于此,在进行技术经济分析时需做到:

①注意技术选择工作适配性,由于不同的工程项目具有特殊性,所以为了能够保障工程的施工水平,并让施工企业获得应有收益,说,正是由于可以对于所有可采用技术手段的深度分析,所以可从中选择适配性最高的技术模式,比如在某工程项目的施工阶段要求在最短时间内建成土建工程任务,并且要能够具备医疗功能,考虑到时间和专业性的匹配,最终选择的技术思路是装配式建筑体系,需要做好对于装配式建筑中所有设备的添置以及建筑材料的调配工作,并且把所有的建筑材料都进行合理化的检查和分析,尤其对于建成的库管系统和工程质量的控制体系等,都要经历相应的变革和替换,之后在各个施工过程,要求专业的人员参与项目的审查阶段,以确保该工程项目的施工质量符合标准。

②注意技术分析工作适配性,在技术的分析过程,需要研究的内容是技术可否满足经济性要求以及该项技术是否匹配该工程项目。比如,在某工程项目中,要求建成的土建工程要能够实现所有线缆线路的科学布设,尤其是对于低压电井,要防止其在运行过程中,由于一些线路存在缺陷导致管线之间存在冲突。针对该项要求,从中选择的技术手段为BIM管理技术,该项技术都能够发挥重要作用。另外在后续的成本控制阶段,该项技术也可以实时收集所有的施工数据,达到了对于施工成本的有效控制要求。

③注意质量管理工作适配性,质量管理是工程项目管理阶段和施工

阶段的关注点,要求采取的技术手段要具有科学性,在此基础之上考虑工期的控制和成本的控制水平,虽然这三者缺一不可,但是质量管理工作为其中的核心关注点,技术经济分析工作发挥的优势是,通过对技术类型的横向对比,找到可以同时完成多个管理任务的技术手段,并且将其纳入后续的分析过程,尤其是对于当前已经开发出的BIM技术、三维分析技术等,更要通过对参数的收集和计算,让建立的管理制度可以满足相关规章制度的要求。

④注意生态保护工作适配性,生态保护工作为当前工程项目施工阶段的管理重点,尤其是针对在自然区域中施工的项目,需要做好针对周边自然环境区域的管理工作,比如,对于电力系统中的西气东输工程,其横跨多个省域,建设目的是产生的电能能够供应我国的电力市场,而在我国当前的发展过程,各个沙漠区域经过多年的植树造林工作,沙漠的总面积缩减,比如,乌苏里沙漠,当前的整体面积减小了80%,另外,支付宝的蚂蚁森林截止2018年末,参与人数达到3.6亿人,目前我国的植树造林以及防沙治理工作取得了重要成效。在各类工程的施工阶段,不可对于当前取得的效果进行大范围的破坏,而是要采取最专业化的手段落实生态保护工作,这就要求选择的技术类型,要能够对自然资源造成允许范围内的最小影响,同时要研究施工之后该工程项目运行阶段可取得的经济收益,并确保该收益能够衡量当地的经济状况以及对于我国整体性的经济体系发展和升级作用,同时可以将获得的收益和期望值横向,以确保该工作的实际效果符合标准。

另外,对于当前的工程施工项目来另外在进行技术经济分析过程中需要注意以下事项:①备选方案必须在三个及以上,力争多个备选方案。②充分预判项目存在众多不确定性因素。③建立比较的基础与维度后重点关注方案差异性。④技术经济分析首先需要确保方案在技术上是可行,才可进行经济分析。⑤选择影响正确决策的因素非常多,与之相关的成本标准数据可能非常多,需要选择恰当的成本标准数据。

二、经济效果评价的内涵

随着中国市场经济的发展,投资的主体和渠道的多样化,银行和信贷机构的商业化,经济的快速增长,外商投资和项目开发引进的增加,目前中国经济建设中尚未解决的问题是如何优化资源配置,有效利用资源,提高投资决策水平和效率。因此,无论是新建投资项目还是扩建项目,或者是对原有企业进行升级改造的项目,国家都要求对项目进行可行性研究和经济评估。[①]

投资项目的经济评估是站在投资项目或企业的角度对项目进行经济分析和评价。具体来说,就是根据国家现行的融资和价格体系,分析和计算与项目直接相关的经济效益和成本,编制财务报告,计算估值指标,并据此评估项目的经济可行性。

为了确保投资决策的科学性,必须建立一个可靠的经济效益指标体系,并采用正确的评估方法。目前该领域采用了不同的指标体系和评价方法,哪种评价方法适合于房地产开发项目,哪种评价结果对投资决策有用,是经济影响评估中的一个重要问题。技术经济分析中的经济影响评价是各种投资项目经济评价的主要内容,具有广泛的应用性。例如,在工程项目的经济影响评估中,如新建项目、改扩建项目和技术改造项目,可以对每个项目的经济逻辑和可行性进行分析、预测和评价,从而广泛比较和选择各种项目的优劣。它可以用于这一目的。经济影响评估也常被用来反映综合技术项目的经济效益现状和水平,验证项目的关键经济指标在实施时是否达到了预期效果。因此,建立科学合理的经济效益指标体系,适当运用经济效益评估方法,以保证投资决策的准确性和科学性是非常重要的。

三、应用经济效果评价方法的建议

经济影响评估方法广泛用于工业项目、交通项目、邮政和电信项目、农林项目、城市管理项目、环境项目、房地产项目和社会服务项目。对于中小型项目来说,一般比较容易确定和量化其成本和效益,在市场机制的作用下,结论一般符合市场投资准则。这是因为经济评价是从资源优化配置的角度来评估项目的经济性,而国家审批项目是为了确保社会经济资源的合理配置。在这方面,评估项目资源配置是否合理,即经济评

---

①彭红. 建筑工程项目经济后评价研究[D]. 合肥:合肥工业大学,2014.

价,是项目评价的一项非常重要的任务,特别是在利用国家资源和国家经济投资建设的项目中,应更加重视经济评价的任务,以保证资源的优化配置看来。

在实践中,经济效益评价方法不能孤立地使用,从不同角度综合运用各种分析评价方法,可以提高项目方案分析的准确性。例如,如果用现值法评价一个技术项目,可以反映出现金流的时间分布,但投资过程的收益率显得低效,并受到基准收益率的影响。另一方面,如果用内部收益率法对项目进行评估,它反映了投资过程的收益率,不受外部参数的影响,但计算比较复杂,因此,在实践中,要根据实际要评估的资产选择评估方法,同时要用各种方法评估支持这种评估方法的经济影响是必须的。

由于经济影响评估的方法很多,不同的评估方法对技术方案的经济影响有不同的看法,各有优缺点,因此不能简单地说某一种经济影响评估方法是最先进的,也不能说是最不先进的,而是需要从整体上进行考察。要科学合理地选择评价方法,全面综合地使用多种评价方法,为决策者提供更加准确、科学的指导。[1]

第二节 建筑工程项目技术经济的风险分析

工程经济活动大多是在有风险和不确定性的情况下进行的,这种客观存在的不确定性会使建设项目的实施效果偏离评价目标,当实施效果低于预期目标时,项目即处于风险状态。现代化工程经济活动规模越来越大,技术越来越复杂,风险同样也在增大,因此,需要进行项目风险分析,以揭示风险,提高决策的可靠性。[2]

一、建设项目投资决策风险

以医院建设建设项目为例,我们将项目风险关注重点放在财务风险

---

[1]彭红. 建筑工程项目经济后评价研究[D]. 合肥:合肥工业大学,2014.
[2]欧阳靖雯. 建设工程风险管理研究及实践[D]. 绵阳:西南科技大学,2012.

和运营风险上,本项目财务风险包括项目资金流入流出管理风险和投资活动管理风险。以下分别介绍其具体内容。

(一)资金使用风险

本身项目的资金量大、建设周期长,达到设计能力后,营业收入逐级增加,同样,医疗支出成本也随着不确定性有很大变化。资金使用上的冒用、挪用等,一方面,造成项目资金供应出现风险,另一方面,资金投入的减少,相应也会影响工程建设质量,加大工程建设难度,导致工期可能延误或增加。

(二)管理复杂性风险

项目投融资管理是一项系统的工程,涉及懂经济、设计、规划、建设的相关人员,同时,在报建、投标中还需与政府机构密切沟通,沟通人员多、涉及面广、前期研究分析周期长,导致管理难度加大。这三种风险之间相互联系,相互影响。

(三)政治风险

项目的政治风险可以分为两大类:一类是国家风险,是否符合国家医疗行业规划内,另一类是地区政治、经济政策稳定性风险,对于政策的落地实施是否有难度,对于与本.地区实际发展情况能否结合起来。

(四)项目施工技术风险

为了控制项目施工过程中安全风险,施工过程中运用的一切技术方法、技术方案是不可轻视的重要因素。首先,使用一项技术要确保其可行性和安全性,可行性和安全性都满足的情况下,再考虑技术是否满足经济型和创新性,当有新型技术可以选择时,要进行新旧技术施工方案的对比。此工程施工难度较大,施工应急预案、风险控制方案较多,因此需提前编制并必要时专家论证。同时,新技术、新设备的应用对于项目质量提高具有保障作用,例如:建筑企业将信息化技术和实时监测监控技术相结合能够保障项目施工过程的建设安全和建设质量。

二、风险分析的流程

风险分析的主要工作包括风险识别、风险估计、风险评价、风险决策和风险应对。

(一)风险识别

风险识别是指人们在风险事件发生之前,使用各种方法对建筑项目的潜在风险因素进行系统的、持续的比较、分类和总结,并对原因和过程进行调查。敏感性分析是初步识别风险因素的一个重要工具。识别风险是风险分析和风险管理的一项重要任务。它的主要功能是确定风险发生的可能性,为评估和应对风险奠定基础。风险识别应包括最基本的风险特征,即不确定性和预期利益的损失。

(二)风险估计

风险评估是在对风险进行定性识别后,通过定量分析来衡量风险发生的可能性和对项目影响的大小。风险评估主要是确定风险因素的概率分布以及项目经济评价指标的概率、期望值和偏差。风险评估可分为主观概率评估和客观概率评估。一般来说,风险事件的概率分布应根据大量历史事件的统计分析得到的历史信息来确定,这样得到的概率分布就是客观概率。如果没有足够的历史信息来确定风险事件的概率分布,则由决策者自己或在咨询公司或专家的协助下根据经验估计的概率分布为主观概率。由于风险分析是在拟建项目实施前进行的,不可能获得大量关于项目的准确客观信息。因此,风险分析中的风险估计主要是主观的概率估计。事实上,主观概率也是人们从长期实践中得出的,并不是纯粹的主观随意的假设。

(三)风险评价

风险评价是指根据风险识别和风险估计的结果,依据项目风险判断标准,找出影响项目成败的关键风险因素。项目风险大小的评价标准应根据风险因素发生的可能性及其造成的损失来确定,一般采用评价指标的概率分布或累计概率、期望值、标准差作为判别标准,也可以采用综合风险等级作为判别标准:①以评价指标作为判别标准。财务经济内部收益率大于或等于基准收益率的累计概率值越大,项目风险越小;标准差越小,风险越小。②以综合风险等级作为判别标准。根据风险因素发生的可能性及其造成损失的程度,建立综合风险等级的矩阵,将综合风险分为风险很强的K(ill)级、风险强的M(Modify)级、风险较强的T(Trigger)级、风险适度的R(Review and reconsider)级和风险弱的I(Ignore)级。

(四)风险决策

风险估计估算出方案经济效益指标的期望值和标准差,以及经济效益指标的实际值发生在某一区间的可能性,而风险决策则着眼于风险条件下方案取舍的基本原则和多方案比较方法。

项目风险决策就是人们为了实现项目的目标,在占有一定信息的基础上,从若干可能实施的方案(或技术、措施、行动)中,根据项目的建设环境,采用一定的理论和方法,经过对各个方案系统的分析、评价和判断,选出满意的方案的过程。

项目风险决策一般具有下列要素:①决策人。包括项目经理、项目班子或项目一般管理人员。这取决于决策的对象和对项目管理人员的授权。②决策目标。决策行动所影响的项目范围和期望达到的成果。③决策信息。及时提供完备的、可靠的和决策目标相关的项目信息是决策行动的前提条件,也是做出科学决策的基础。④决策准则。选择项目实施方案所依据的原则。⑤决策成果。采取决策行动后,项目所发生的变化。其变化可能是某一方面的,也可能是多方面的。

风险决策人应遵循以下决策原则:①优势原则。在两个可选方案中,如果无论什么条件下方案A总是优于方案B,则称方案A为优势方案,方案B为劣势方案,应排除方案B应用优势原则一般不能决定最佳方案,但可以减少可选方案的数量,缩小决策范围。②期望值原则。如果选用的经济指标为收益指标,则应选择期望值大的方案;如果选用的是成本费用指标,则应选择期望值小的方案。③最小方差原则。方差反映了实际发生的方案可能偏离其期望值的程度。在同等条件下,方差越小,意味着项目的风险越小,稳定性和可靠性越高,应优先选择。根据期望值和最小方差选择的结果通常会出现矛盾。在这种情况下,方案的最终选择与决策者有关。风险承受能力强的决策者倾向于做出乐观的选择(根据期望值),而风险承受能力弱的决策者倾向于更安全的方案(根据方差)。④最大可能性原则。若某一状态发生的概率显著大于其他状态,则可根据该状态下各方案的技术经济指标进行决策,而不用考虑其他状态。只有当某一状态发生的概率大大高于其他状态,且各方案在不同状态下的损益值差别不是很大时方可应用最大可能原则。⑤满意度原则。在工程实践中,由于决策人理性的有限性和时空的限制,既不能找到一切方案,也不能比较一切方案,并非人们不喜欢"最优",而是取得"最优"的代价太高。因此,最优准则只存在于纯粹的逻辑推理中。在实践中只能遵循满意度准则进行决策,即制定一个足够满意的目标值,将各种可选方案在不同状态下的损益值与此目标值相比较进而做出决策。

(五)风险应对

风险应对策略就是对已经识别的风险进行定性、定量分析和进行风险排序,制定相应的应对措施和整体策略。风险应对应具有针对性、可行性、经济性,并贯穿于项目评价的全过程。

决策阶段风险应对的主要措施包括强调多方案比选;对潜在风险因素提出必要的研究与实验课题;对投资估算与财务(经济)分析,应留有充分的余地;对建设或生产经营期的潜在风险可建议采取回避、转移、分担和自担措施。结合综合风险因素等级的分析结果,应提出表3-1所示的应对方案。

表3-1 综合风险应对方案表

综合风险等级	风险的可能性	应对方案
K	风险很强	放弃项目
M	风险强	修正拟议中的方案,通过改变或采取补偿措施等
T	风险较强	设定某些指标的临界值,指标一旦达到临界值,就要变更设计或对负面影响采取补偿措施
R	风险适度(较小)	风险弱,可忽视

可见,风险应对具有风险回避、损失控制、风险转移和风险保留四种基本方法:①风险回避是投资主体有意识地放弃风险的行为,可完全避免特定的损失风险,简单的风险回避是一种最消极的风险处理办法,因

为投资者在放弃风险行为的同时,通常也放弃了潜在的目标收益。所以,一般只有在这些情况下才会采用这种方法:当出现K级很强风险时;投资主体对风险极端厌恶;存在可实现目标的其他方案,其风险更低;投资主体无能力消除或转移风险;投资主体无能力承担该风险,或承担风险得不到足够的补偿。②损失控制不是放弃风险,而是制订计划和采取措施降低损失的可能性或者是减少实际损失。控制的阶段包括事前、事中和事后三个阶段。事前控制的目的主要是降低损失的概率;事中和事后的控制主要是为了减少实际发生的损失。③风险转移是指通过契约将让渡人的风险转移给受让人承担的行为。通过风险转移过程有时可大幅度降低经济主体所承担的风险程度。风险转移的主要形式是合同和保险,通过签订合同,可以将部分或全部风险转移给一个或多个其他参与者,保险是使用最为广泛的风险转移方式。④风险保留即风险承担。也就是说,如果损失发生,经济主体将以当时可利用的人和资金进行支付。风险保留包括无计划自留、有计划自我保险。无计划自留是指风险损失发生后从收入中支付,即不是在损失前做出资金安排。当经济主体没有意识到风险并认为损失不会发生时,或将意识到的与风险有关的最大可能损失显著低估时,就会采取无计划自留方式承担风险。一般来说,无计划自留应当谨慎使用,因为如果实际总损失远远大于预计损失,将引起资金周转困难。有计划自我保险是指在可能的损失发生前,通过做出各种资金安排以确保损失出现后能及时获得资金以补偿损失。有计划自我保险主要通过建立风险预留基金的方式来实现。

三、风险分析的方法

风险型决策是指已知决策方案所需的条件,但每种方案的执行都有可能出现不同后果,多种后果的出现有一定的概率。

(一)决策树分析法

决策树分析法是指利用概率和期望值的概念,根据因素之间的逻辑关系,采用形象的树状结构描述各种状态下的因素值及其相应的概率,并据此计算评价因素的期望值、标准差及可行概率,进行方案风险分析的决策方法。它比较直观、形象,层次清晰,不易遗漏、出错,特别适用于分析比较复杂的问题。

决策树由决策节点、方案分枝、状态点和概率分枝构成。决策节点是决策树的起点,用矩形表示。从矩形方框引出的分支称为方案枝,每一个方案枝代表一种可选的方案,各方案枝末端的椭圆圈称为状态点,也称随机状态点,表示一种客观状态,在状态点引出的分枝则是概率枝。决策树基本结构图如图3-1所示。

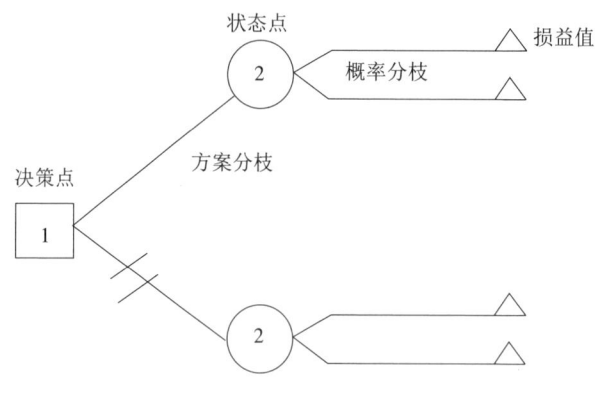

图3-1 决策树基本结构图

决策树分析法主要包括以下步骤:①列出要考虑的各种风险因素,如投资、经营成本、销售价格等。②设想各种风险因素可能发生的状态,即确定其数值发生变化的个数。③分别确定各种状态可能出现的概率,并使可能发生的状态概率之和为1。④绘制决策树形图,按上述要求由左向右顺序展开。⑤分别求出各种风险因素发生变化时,方案净现金流量各种状态发生的和相应状态下的净现值NPV(f)。⑥计算每个节点的期望值(均值)。⑦剪枝,即进行方案的优选。⑧对概率分析结果做出说明。一般来讲,期望值大的方案优于期望值小的方案。

(二)蒙特·卡洛模拟法

蒙特卡洛模拟是根据单词 Monte Carlo 音译而来的词语,也称之为随机模拟的方法,是一种广泛应用于计算算法,在数学、物理学、管理科学、金融等各大科学工程的方法与思想。 其基本思想是,假设变量y是随机变量X……XN的函数,函数关系式为y = f,其中随机变量的分布函数是已知的,抽取符合随机变量 分布函数的随机数列。 每进行一次运算我们称之为模拟,当模拟的次数足够多时,变量的y的模拟结果可以无限逼近其实际分布规律。一言以蔽之,蒙特卡洛模拟就是依靠大量重复的随机抽样得到数值结果的过程。

第三节 技术经济分析的程序与方法

技术经济分析就是研究技术方案、技术规划和技术政策等技术实践活动的经济效果问题。经济效果是人们在使用技术的社会实践中所得与所花费用的比较。可用效率型指标表示,即如式3-1。

$$经济效果 = \frac{收益}{费用} \quad (式3-1)$$

或用价值型指标表示为如式3-2。

$$经济效果 = 收益 - 费用 \quad (式3-2)$$

人们从事任何社会实践活动都有一定的目的,都是为了获得一定的效果,建筑生产活动也不例外。社会实践的效果随实践活动的性质不同而异,有技术效果、经济效果、军事效果、艺术效果和教育效果等,所有这些效果都有一个共同特征,都要通过经济环境有投入物和产出物。而经济效果的评价就是指在特定环境下以货币计量的一定资源消耗和社会有用成果的对比分析,评价的基本标准如式3-3、式3-4、式3-5。

$$E_1 = \frac{V}{C} > 1 \quad (式3-3)$$

$$E_2 = V - C > 0 \quad (式3-4)$$

$$E_3 = \frac{V - C}{C} > 0 \quad (式3-5)$$

式中:

E_1、E_2、E_3——经济效果;

V——劳动收益;

C——劳动耗费。

一、技术经济分析的基本程序

一个完整的技术经济分析活动可分为以下四个阶段:①调查研究,确定目标技术经济分析活动的第一阶段就是通过调查,收集与技术实践活动有关的资料和信息,分析经济环境中的显在和潜在的需求,确立研究目标。②关键要素就是实现目标的制约因素,只有找出了主要矛盾,确定了系统的各种关键要素,才有可能采取有效的措施,为技术活动实现最终目标扫清障碍。③建立方案为达到已确定的目标,可采取各种不同的途径,提出多种可供选择的方案。例如,降低人工费可以采用新设备,也可采用简化操作的方法,新设备可降低产品的允许废品率,但同样的结果也可通过质量控制方法得到。在提出多个可供选择的方案时,有一个什么都不做而维持现状的方案,这也是需要考虑的备选方案之一。④评价方案前面所提出和建立的方案往往在技术上是可行的,但是在收益一定时,只有费用最低的方案才能成为最佳方案,这就需要对备选方案进行经济效果评价。评价方案,首先要使不同的方案具有共同比较的基础,因此,要根据评价的目标要求来建立方案评价的指标体系,才能将参与分析的各种因素定量化;其次,将方案的投入和产出转化为统一的用货币表示的费用和收益;最后,通过方案评价的数学模型进行综合运算、分析对比,从中选出最优方案。①

三、技术经济分析的基本方法

(一)静态评价方法

静态评价方法,是指对方案的经济效果进行分析计算时,不考虑资金的时间价值。尽管静态评价方法不能完全反映方案寿命期间的全部情况,但计算简便、直观,在实际工作中应用较广,尤其是适应于建设工期短、见效快的建设项目。

1.投资回收期法

投资回收期是指建设项目投产后用净收益回收全部投资所需的时间,用公式表达如式3-6。

---

①孙飞飞.建筑工程管理技术的分析与探讨[J].丝路视野,2017(33):175.

$$P = \sum_{t=0}^{T}(A_t - C_t - t) \quad \text{（式3-6）}$$

式3-6中：

P——项目的总投资；

T——静态投资回收期；

A_t——项目的年收益；

C_t——项目的年经营成本(不含折旧)；

T——项目的年税金。

对建设项目进行评价时，投资回收期越短，项目的经济效益就越高。因此，应用投资回收期法，需要制定作为评价尺度的标准投资回收期。我国虽然未做统一规定，但有实际积累的平均值和各个行业的参照标准。

投资回收期法的优点在于简单和容易理解，但也有缺点：它没有考虑投资回收以后项目的经济效益，也没有考虑项目的盈利能力。因此，一般只用于初步可行性研究阶段。

2.投资效果系数法

投资效果系数法又叫投资回收率法，投资收益率法等，它是年收益与投资额之比，说明每年的回收额占投资额的比重。投资效果系数是投资回收期的倒数，其计算公式如式3-7。

$$E = \frac{1}{T} \geq E_0 \quad \text{（式3-7）}$$

式3-7中：

E——投资效果系数；

E_0——标准投资效果系数；

T——投资回收期。

同理，当两个方案对比分析时，可采用差额投资效果系数法。其计算公式如式3-8。

$$\Delta E = \frac{C_2 - C_1}{P_1 - P_2} = \frac{\Delta C}{\Delta P} \quad \text{（式3-8）}$$

解得 $\Delta E = \dfrac{\dfrac{C_2}{Q_2} - \dfrac{C_1}{Q_1}}{\dfrac{P_1}{Q_1} - \dfrac{P_2}{Q_2}}$

式3-8中：

P_1、P_2——方案一、二的投资；

C_1、C_2——方案一、二的成本；

Q_1、Q_2——方案一、二的工程量；

ΔE——差额投资效果系数；

ΔP——差额投资；

ΔC——差额成本。

（二）动态评价方法

动态评价方法，是指对方案的经济效果进行分析计算时必须考虑资金时间价值的一种技术经济评价方法，它的主要优点是考虑了方案在其经济寿命期限内投资、成本和收益随时间而发展变化的真实情况，能够体现真实可靠的技术经济评价。

1.净现值法

净现值法是一种建立在资金时间价值基础上的动态评价方法，反映的是方案在计算期内的获利能力，净现值是将项目整个寿命周期的各年现金流量按照一定的折现率折现到项目期初的现值之和，是利用净现金效益量减去净现金投资量之差求出净现值，来判断投资方案是否切实可行，如净现值大于零，则投资方案的回报率超过预期水平，方案可行，且净现值的数值越大，方案的回报率越好，投资方案本身越好，预计在投资后企业的资本会在计算期内增值。如净现值等于零，说明投资方案的回报率与预期回报率持平，方案在财务上是可行的，但要考虑处在这样的一个临界点上如果控制不当容易造成项目亏本，并且方案本身接近于无盈利能力，故一般不予考虑；当净现值小于零，则说明投资方案的回报率低于预期，方案不可行。净现值法在评价经济效果时方法较为简单、科学、有效、直观，而且考虑了整个项目周期的经济状况。因此是一种在现实中较为常用的经济效果评价方法。其计算公式如式3-9。

$$NPV = \sum_{t=0}^{n} F_t(1+i)^{-t} \qquad \text{(式3-9)}$$

或如式3-10。

$$NPV = \sum_{t=0}^{n} \frac{CI_t - CO_t}{(1+i)^t} \qquad \text{(式3-10)}$$

式中：

NPV——项目的净现值；

F_t——第t期的净现金流量；

CI_t——第t期的现金流入量；

CO_t——第t期的现金流出量；

i——基准收益率或折现率。

对于单个方案，当NPV > 0，方案可行，应采纳该方案；当NPV < 0，方案不可行，应放弃该方案。对于多个方案比较，在净现值大于零的前提下，以净现值最大者为优来选择方案。

例3-1：某建筑机械，可以用18000元购得，净残值是3000元，年净收益是3000元，如果要求15%的基准收益率，而且建筑公司期望使用该机械至少10年，问是否购买此机械？

解：NPV = -18000 + 3000(P/A,15%,10) + 3000(P/F,15%,10)

= -18000 + 3000 × 5.019 + 3000 × 0.2472

= -2201.4(元) < 0

因为NPV < 0，所以建筑公司不应购买此机械。

上例中，如果该公司期望的基准收益率不是15%，而是10%，那么结论又如何呢？用i = 10%代入，则有如式3-11。

NPV = -18000 + 3000(P/A,10%,10) + 3000(P/F,10%,10) = -18000 + 3000 × 6.144 + 3000 × 0.3855 = 1588.8(元) > 0 　　(式3-11)

如果该公司所期望的收益率为10%，那么购买此机械是可行的。由此可见折现率或基准收益率的选取对方案的评价影响极大。

2.内部收益率法

内部收益率法（Internal Rate of Return，IRR法）是用内部收益率（FIRR）对项目投资财务收益进行评价的方法，内部收益率就是将投资方案在计算期或寿命期内各年净现金流量的现进行累计,当净现值为零时的折现率即为内部收益率即某方案在计算期内预计能达到的年平均收益率,财务内部收益率是一个未知的折现率,如果人工计算,要通过求解高次方程的方式,工作量较大且容易出错因此在实际工作中一般用计算机进行计算。用财务内部收益率来判断某方案经济效果的优劣主要是通过计算出来的财务内部收益率与基准收益率进行比较,如果财务内部收益率大于等于基准收益率,则技术方案在经济上是可以接受的,当FIRR小于基准收益率,则方案在经济上应予以拒绝。内部收益率法可以不受外部参数的影响,并且不用事先确定基准收益率,而对于常规的技术方案来说采用内部收益率法与采用净现值法得出的结论是一致的。内部收益率法也是一种动态评价方法,其与净现值法各有优点,同样是一种常用的经济效果评价方法。

3.最小费用法

最小费用法是净现值法的一种延伸,包括费用现值法与费用年值法两种,计算方法与计算财务净现值的方法相同,只是计算的是个方案的费用,通过比较,以费用现值最低的方案为最佳方案。

4.投资回收期法

投资回收期,也被称为回本期,是衡量一个项目收回投资能力的指标。根据是否考虑到资金的时间价值,它可以分为两种类型,即静态和动态投资回收期。静态投资回收期是指收回总投资所需的时间,不考虑资金的时间价值和方案的净回报。反之,如果静态投资回收期比基本投资回收期长,就意味着技术方案不可行。静态投资回收期特别适合于评估这种技术方案的快速技术改进的影响,因为它是自投资之日起计算的动态投资回收期,而不是项目每一年的净投资回收和折现。净折旧是指收回该期间所需所有投资的总折旧期的现值。

5.年度等值(AE)法

净现值法是把项目的净现金流量按照基准收益率或折现率折算到基准期(0期)的现值代数和,同理,把项目的净现金流量按照基准收益率折算到最后一期,其代数和就是净终值。年度等值法是把项目经济寿命期中发生的不均匀的净现金流量,通过基准收益率换算成与其等值的各年年度等值。年度等值越大,表示项目的经济效益越好。

任何一个项目的净现金流量可以先折算成净现值,然后用等额支付序列资金回收复利系数相乘,就可以得到年度等值(AE),其计算公式如式3-12。

$$AE = \left[\sum_{t=0}^{n} \frac{F_t}{(1+i)^t}\right]\left[\frac{i(1+i)^n}{(1+i)^n - 1}\right] \quad (式3-12)$$

或者将项目的净现金流量先折算成净终值,然后用等额支付序列偿债基金复利系数相乘,也可以得到年度等值(AE),其计算公式如式3-13。

$$AE = \left[\sum_{t=0}^{n} F_t(1+i)^t\right]\left[\frac{i}{(1+i)^n - 1}\right] \quad (式3-13)$$

年度等值与净现值、净终值代表相同的评价尺度,只是所代表的时间不同而已。但年度等值法适用于只有负现金流量时的方案,特别适用使用年限不同时的方案,可使计算比较方便。

例3-2:某项目投资100万元,年净收益50万元,使用期为5年,净残值5万元,设$i_0 = 10\%$,试求其年度等值。

解:AE = $[-100 + 50(P/A,10\%,5) + 5(P/F,10\%,5)](A/P,10\%,5)$

= $[-100 + 50 \times 3.791 + 5 \times 0.6209] \times (0.26380) = 24.44(万元)$

6.内部收益率(IRR)法

内部收益率就是净现值为零时的折现率。表3-2列出了某项目的净现金流量及其净现值随i变化而变化的对应关系。若以纵坐标表示净现值,横坐标表示折现率i,上述函数关系如图3-2表示。

表3-2 某项目的净现金流量及其净现值函数

年份	净现金流量(万元)	i(%)	NPV(i)=-2000+800(P/A,i,4)(万元)
0	-2000	0	1200
1	800	10	536
2	800	20	71

续表

年份	净现金流量(万元)	i(%)	NPV(i)＝－2000+800 (P/A,i,4)(万元)
3	800	22	0
4	800	30	－267
		40	－521
		50	－716
		∞	－2000

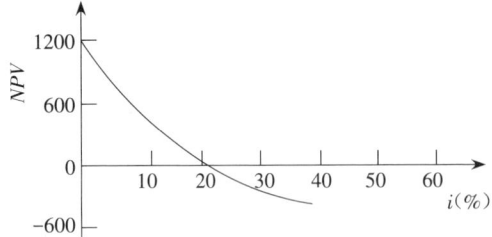

图3-2 净现值函数曲线

在图3-2中,随着折现率i的不断增大,净现值不断减小。当折现率增至22%时,即i*处,曲线与横轴相交,项目净现值为零,i*是折现率的临界值。对该项目而言,其内部收益率即为22%。一般而言,IRR是NPV曲线与横坐标交点处对应的折现率。内部收益率可通过解下述方程求得,如式3-14。

$$\mathrm{NPV(IRR)} = \sum_{t=0}^{n} (CI-CO)_t (1+IRR)^{-t} = 0 \quad (式3-14)$$

式3-14中:

IRR——内部收益率;

判别准则:设基准折现率为i_0;

若IRR$\geqslant i_0$,则项目在经济效果上可以接受;

若IRR$< i_0$,则项目在经济效果上不可接受。

内部收益率被普遍认为是项目投资的盈利率,反映了投资的使用效率,概念清晰明确。与计算净现值与年度等值相比较,它不需事先给足基准折现率。在技术经济分析中,独立方案是指作为评价对象的各个方案的现金流量是独立的,不具有相关性,且任一方案的采用与否都不影响其他方案是否采用的决策。如果决策的对象是单一方案,则可以认为是独立方案的特例。独立方案的采用与否,只取决于方案自身的经济性,即只需检验它们是否能够通过净现值、年度等值或内部收益率指标的评价标准。

第四节 工程技术经济效果评价的原则

技术经济效果评价是一项综合性很强的工作,所以进行方案技术经济效果评价时,应遵循以下各项原则。

一、主动分析与被动分析相结合,以主动分析为主

技术和经济效果的评估是通过事前、事中和事后的分析,在最满意的条件下验证系统的性能。以前,控制被理解为比较目标值和实际值,分析实际值与目标值的偏差原因,从而确定下一步采取的措施。这样的控制被称为反应性控制,它在损失和浪费已经发生阶段的情况下发现偏差,但不能防止潜在偏差的发生。目前,工程技术的经济分析融入了系统理论和控制论的研究思想,"控制"的基础是采取主动措施,尽量减少或避免目标值和实际值之间的偏差。这种积极主动的控制方法也是基本的技术经济影响分析,应作为思想方法的核心。工程技术的经济影响分析一般只考虑技术方案部分的差异,不考虑减少工作量方案的相同部分,也不在网状的参考方案中做出差异。

二、遵循方案技术经济评价的比较原理

(一)满足需要的可比性

功能对等是技术方案的常用标准,因为任何解决方案存在的前提条件是——实施技术解决方案所产生的功能必须满足社会和用户的需求。满足需求意味着技术方案的生产效益是否充分转化为社会和用户的实

际利益。如果产品不能够销售出去,这些利益将不会改变。在这种情况下,技术方案必须在计划能力的基础上对设计进行比较,并对设计所对应的实际情况进行调整,因为计划能力的计算性能、范围和质量又会与实际情况不同。

除非对覆盖联合方案中各个方案的相同需求的综合技术方案进行评估,否则不能进行比较。例如,对机械加工需求的组合机床的影响评估必须与满足相同需求的不同普通机床的组合的影响评估进行比较,否则就没有了可比性。如果使用的价值其质量不一样的时候,也要立足于相同需求的基础上才有可比性。如生产轴类零件可用普通结构钢,也可以用合金结构钢,结果轴类零件的强度和使用寿命都不一样,那么这两种方案就没有可比性,只能满足相同的需求。

因此,这两个方案在满足社会需求方面存在着量和质的差异,所以在比较时,必须进行适当的调整,将不可比的内容因素转化成可比因素,让不一样的方案具有相同的效用价值,然后再进行比较。

(二)消耗费用的可比性

任何技术方案在实施过程的各个环节中都要消耗费用,方案的比较要考虑方案在设计、筹建、生产以及产品从流通到消费领域内的综合费用,应该从系统的观点出发,既考虑方案本身方面的耗费,也要考虑与方案有密切联系的其他方面的耗费。

对于方案相关费用也要口径统一才能相比,比如标准设计与非标准设计,它们各自的计算费用相差很大,在方案对比中需统一口径后才有可比性。对于综合利用的技术方案,在费用计算时,应将综合利用方案分解,把投资总金额合理分摊到各单独方案中,然后才可计算各独立方案的经济效果。在费用计算中,必须采用统一的定额和计费标准,否则就失去了各方案之间的可比性。

(三)价格的可比性

在计算方案的劳动成果和劳动消耗时,都要利用价格。不同方案的比较需要满足价格可比原则,这就要求:第一,价格必须反映价值。由于我国长期忽视价值规律的作用,使现行价格体系不合理,不少商品的价格既不反映价值,也不反映供求关系,其主要表现是不同商品的比价不合理,而同类商品的质量差价没有拉开。由于现行价格体系不合理,就影响到企业生产经营经济效果的评价效果失真。如果项目投入与产出的市场价格能够真实反映对国民收入的实际贡献,则经济分析可采用市场价格,然而在现行经济活动中,由于历史因素、社会环境、经济政策、管理体制等因素的影响,市场价格也往往偏离实际价值。在这种情况下,可用影子价格(经济价格)来调整市场价格,以使产品能真实反映其本身的价值,使价格具有可比性,从而有利于方案的经济分析。第二,消除物价涨落的因素。由于技术不断地进步,劳动生产率不断地提高,产品价格必然不断发生变化,这就要求在计算和比较经济方案经济效果时,采用相应时期的价格指标,近期方案比较采用近期价格指标,远景方案比较采用预测的远景价格指标。不同时期的方案比较采用统一不变价格指标,其目的是使不同方案具有价格可比性。

第四章 工程经济效果评价的方法

第一节 经济效果指标

一、经济效果指标体系

评价经济效果的好坏,一方面取决于基础数据的完整性和可靠性;另一方面则取决于选取的评价指标体系的合理性。只有选取正确的评价指标体系,经济效果评价的结果才能与客观实际情况相吻合,才具有实际意义。一般来讲,项目的经济效果评价指标不是唯一的,根据不同的评价深度要求和可获得资料的多少以及项目本身所处的条件不同,可选用不同的指标,这些指标有主有次,可以从不同侧面反映投资项目的经济效果。根据不同的划分标准,投资项目评价指标体系可以进行不同的分类。

第一,根据是否考虑资金时间价值,可分为静态评价指标和动态评价指标。如图4-1所示。

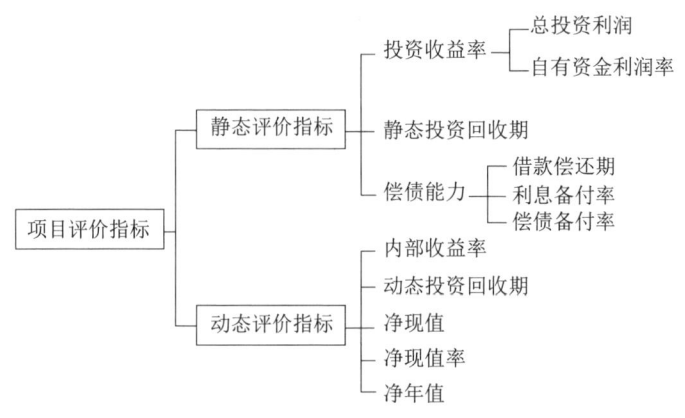

图4-1 评价指标分类之一

根据指标的性质,可以分为时间性指标、价值性指标和比率性指标,如图4-2所示。

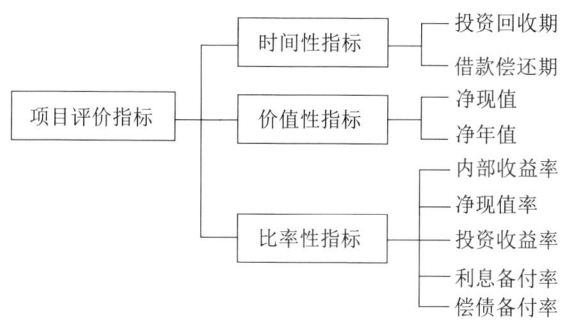

图4-2 评价指标分类之二

二、投资收益率

投资收益率是指投资方案建成达到设计生产能力后的一个正常生产年份的年净收益总额与方案投资总额的比率。它表明投资方案正常生产年份中,单位投资每年所创造的年净收益额。对生产期内各年的净收益额变化幅度较大的方案,可计算生产期年平均净收益额与投资总额的比率。计算公式如式4-1。

$$投资收益率 R = \frac{年净收益或年平均净收益}{投资总额} \times 100\% \qquad (式4-1)$$

评价准则是将计算的投资收益率(R)与所确定的基准投资收益率(R_e)进行比较。若$R \geq R_e$,则方案在经济上可以考虑接受;若$R < R_e$,则方案在经济上是不可行的。

根据分析目的的不同,投资收益率又具体分为总投资利润率(R_a,)和自有投资利润率(R_e)。

总投资利润率(R_a)的计算方式如式4-2。

$$R_a = \frac{(F+Y)}{K} \times 100\% \qquad (式4-2)$$

式4-2中:

F——正常年销售利润(销售利润=销售收入-经营成本-折旧费-摊销费-税金-利息);

Y——正常年贷款利息;

K——总投资(包括建设投资和流动资金)。

自有资金利润率(R_e)的计算方式如式4-3。

$$(R_e) = \frac{F}{Q} \times 100\% \qquad (式4-3)$$

其中Q为自有资金,式中所需的财务数据,均可从相关的财务报表中获得。

投资收益率(R)指标的优点是投资收益率(R)指标经济意义明确、直观,计算简便,在一定程度上反映了投资效果的优劣,可适用于各种投资规模。不足是没有考虑投资收益的时间因素,忽视了资金具有时间价值的重要性;指标的计算主观随意性太强,换句话说,就是正常生产年份的选择比较困难,如何确定带有一定的不确定性和人为因素。因此,以投资收益率指标作为主要的决策依据不太可靠。

三、投资回收期

投资回收期是反映投资方案清偿能力的重要指标,分为静态投资回收期和动态投资回收期。

(一)静态投资回收期

静态投资回收期是在不考虑资金时间价值的条件下,以项目的净收益回收其全部投资所需要的时间。投资回收期可以自项目建设开始年算起,也可以自项目投产年开始算起,但应予注明。自建设开始年算起,投资回收期P_t(以年表示)的计算公式如式4-4。

$$\sum_{t=0}^{P_t}(CI-CO)_t = 0 \qquad (式4-4)$$

式4-4中:

P_t——静态投资回收期;

CI——现金流入量;

CO——现金流出量;

$(CI-CO)_t$——第t年净现金流量。

静态投资回收期可根据现金流量表计算,其具体计算又分以下两种情况。

第一,项目建成投产后各年的净收益(即净现金流量)均相同,则静态投资回收期的计算公式如式4-5。

$$P_t = \frac{K}{A} \qquad (式4-5)$$

式4-5中:

K——总投资;

A——每年的净收益,即 $A = (CI - CO)_t$。

第二,项目建成投产后各年的净收益不相同,则静态投资回收期可根据累计净现金流量求得,如图4-3所示,也就是在现金流量表中累计净现金流量由负值转向正值之间的年份。其计算公式如式4-6。

$$P_t = (累计净现金流量出现正值的年份数 - 1) + \frac{上一年累计净现金流量的绝对值}{出现正值年份的净现金流量}$$

$$(式4-6)$$

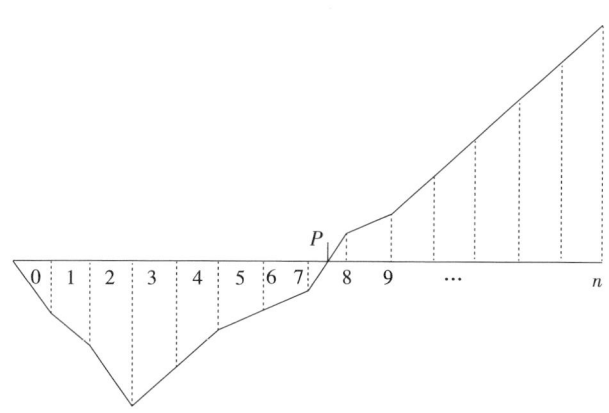

图4-3 投资回收期示意图

评价准则是将计算出的静态投资回收期(P_t)与所确定的基准投资回收期(P_e)进行比较:①若$P_t \leqslant P_e$,表明项目投资能在规定的时间内收回,则项目(或方案)在经济上可以考虑接受。②若$P_t > P_e$,则项目(或方案)在经济上是不可行的。

(二)动态投资回收期

动态投资回收期是把投资项目各年的净现金流量按基准收益率折成现值之后,再来推算投资回收期,这就是它与静态投资回收期的根本区别。动态投资回收期就是累计净现金流量现值等于零时的年份。动态投资回收期的计算表达式如式4-7。

$$\sum_{t=0}^{P_t}(CI-CO)_t(1+i_e)^{-t}=0 \qquad (式4-7)$$

式4-7中：

P_t——动态投资回收期；

i_e——基准收益率。

在实际应用中，可根据项目现金流量近似公式计算，如式4-8。

$$P_t=(累计净现金流量出现正值的年数-1)+\frac{上一年累计净现金流量的绝对值}{出现正值年份净现金流量的现值}$$

(式4-8)

按静态分析计算的投资回收期较短，决策者可能认为经济效果尚可以接受。但若考虑时间因素，用折现法计算出的动态投资回收期，要比用传统方法计算出的静态投资回收期长些，该方案未必能被接受。

投资回收期指标的优点是投资回收期指标容易理解，计算也比较简便，项目投资回收期在一定程度上显示了资本的周转速度。显然，资本周转速度越快，回收期越短，风险越小，盈利越多。这对于那些技术上更新迅速的项目或资金相当短缺的项目或未来情况很难预测而投资者又特别关心资金补偿的项目进行分析是特别有用的。但不足的是投资回收期没有全面考虑投资方案整个计算期内的现金流量，只考虑投资回收之前的效果，不能反映投资回收之后的情况，无法准确衡量方案在整个计算期内的经济效果。所以，投资回收期作为方案选择和项目排队的评价准则是不可靠的，它只能作为辅助评价指标或与其他评价方法结合应用。[1]

在实际应用中，由于动态投资回收期与其他动态盈利性指标相近，若给出的利率i_o恰好等于内部收益率IRR时，此时的动态投资回收期就等于项目（或方案）计算期，即$P_t=n$。一般情况下，若$P_t<n$，则必然有$IRR>i_o$和$NPV>0$。因此，动态投资回收期法与内部收益率法和净现值法在方案评价方面是等价的。正因为如此，在"投资项目可行性研究指南"中未将动态投资回收期作为评价指标，而静态投资回收期尽管没

---

[1] 张宏，陆旭忠. 工程建设标准化的经济效果研究[M]. 北京：中国经济出版社，2016.

有考虑资金的时间价值,但由于长期以来,决策层比较熟悉静态投资回收期指标,因此,在投资项目经济评价方法中仍要求计算静态投资回收期。

四、偿债能力指标

借款偿还期,是指根据国家财政规定及投资项目的具体财务条件,以项目可作为偿还贷款的收益(利润、折旧及其他收益)来偿还项目投资借款本金和利息所需要的时间。它是反映项目借款偿债能力的重要指标。借款偿还期的表达式如式4-9。

$$K_d = \sum_{t=1}^{P_d} (B_P + D + B_o - B_r)_t = 0 \qquad (式4-9)$$

式4-9中:

P_d——借款偿还期(从借款开始年计算,当从投产年算起时,应予注明);

K_d——建设投资借款本金和利息(不包括已用自有资金支付的部分)之和;

B_P——可用于还款的利润;

D——可用于还款的折旧和摊销费;

B_o——可用于还款的其他收益;

B_r——企业留利。

在实际工作中,借款偿还期可直接从财务平衡表推算,以年表示。其具体推算公式如式4-10。

$$P_d = (借款偿还后出现盈余的年份数 - 1) + \frac{当年应偿还借款额}{当年可用于还款的收益额} \qquad (式4-10)$$

借款偿还期满足贷款机构的要求期限时,即认为项目是有借款偿债能力的。借款偿还期指标适用于那些计算最大偿还能力、尽快还款的项目;不适用于那些预先给定借款偿还期的项目。对于预先给定借款偿还期的项目,应采用利息备付率和偿债备付率指标分析项目的偿债能力。

利息备付率也称已获利息倍数,指项目在借款偿还期内各年可用于支付利息的税息前利润与当期应付利息费用的比值,利息备付率的表达式如式4-11、4-12。

$$利息备付率 = \frac{税息前利润}{当期应付利息费用} \qquad (式4-11)$$

$$税息前利润 = 利润总额 + 计入总成本费用的利息费用 \qquad (式4-12)$$

其中当期应付利息是指计入总成本费用的全部利息。利息备付率可以按年计算，也可以按整个借款期计算。

利息备付率表示使项目利润偿付利息的保证倍率，对于正常经营的企业，利息备付率应当大于2；否则，表示项目的付息能力保障程度不足。而且利息备付率指标需要将该项目的指标与其他项目进行比较来分析决定本项目的指标水平。

偿债备付率是指项目在借款偿还期内各年可用于还本付息的资金与当期应还本付息金额的比值，偿债备付率的表达式如式4-13。

$$偿债备付率 = \frac{可用于还本付息资金}{当期应还本付息金额} \qquad (式4-13)$$

可用于还本付息的资金包括：可用于还款的折旧和摊销费，成本中列支的利息费用，可用于还款的利润等。当期应还本付息金额包括当期应还贷款本金及计入成本的利息，偿债备付率可以按年计算，也可以按项目的整个借款期计算。

偿债备付率表示可用于还本付息的资金偿还借款本息的保证倍率。正常情况下应当大于1，且越高越好。当指标小于1时，表示当年资金来源不足以偿付当期债务，需要通过短期借款偿付已到期债务。

第二节 经济效果评价的方法

一、评价方案类型

以上列出了评价方案（或项目）经济性的几种指标。但是，要想正确评价方案的经济性，仅凭对评价指标的计算及判别是不够的，还必须了解方案所属的类型，从而按照方案的类型确定适合的评价方法和指标，最终为做出正确的投资决策提供科学依据。

所谓方案类型,是指一组备选方案之间所具有的相互关系。这种关系一般分为单一方案(又称独立型方案)和多方案两类。而多方案又分为互斥型、互补型、现金流量相关型、组合—互斥型和混合相关型五种类型,如图4-4所示。

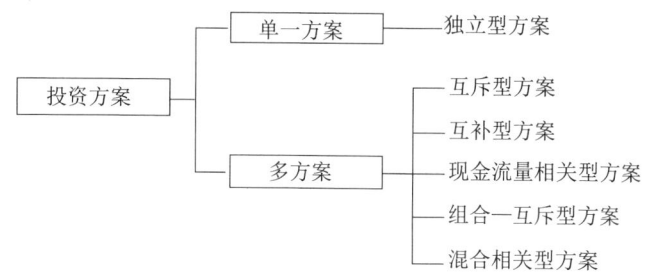

图4-4 评价方案的分类

独立型方案是指方案间互不干扰、在经济上互不相关的方案,即这些方案是彼此独立无关的,选择或放弃其中一个方案,并不影响其他方案的选择。

互斥型方案是指在若干备选方案中,各个方案彼此可以相互代替,因此,方案具有排

他性。选择其中任何一个方案,则其他方案必然被排斥,这种择一就不能择二的若干方案,

就称为互斥方案或排他型方案。在工程建设中,互斥型方案还可按以下因素进行分类:①按服务寿命长短不同,投资方案可分为:第一,相同服务寿命的方案,即参与对比或评价方案的服务寿命均相同。第二,不同服务寿命的方案,即参与对比或评价方案的服务寿命均不相同。第三,无限长寿命的方案,在工程建设中永久性工程即可视为无限长寿命的工程,如大型水坝、运河工程等。②按规模不同,投资方案可分为:第一,相同规模的方案,即参与对比或评价的方案具有相同的产出量或容量,在满足相同功能要求的数量方面具有一致性和可比性。第二,不同规模的方案,即参与评价的方案具有不同的产出量或容量,在满足相同功能要求的数量方面不具有一致性和可比性。项目互斥方案比较,是工程经济评价工作的重要组成部分,也是寻求合理决策的必要手段。

互补型方案是在多方案中,出现技术经济互补的方案。根据互补方案之间相互依存的关系互补方案可能是对称的,如建设一个大型电站时,必须同时建设铁路、电厂,它们无论在建成时间、建设规模上都要彼此适应,缺少其中任何一个项目,其他项目就不能正常运行,它们之间是互补的,又是对称的。此外,还存在着大量不对称的经济互补,如建造一座建筑物A和增加一个空调系统B,建筑物A本身是有用的,增加空调系统B后使建筑物A更有用,但不能说采用方案B也包括方案A。

现金流量相关型方案是指即使方案间不完全互斥,也不完全互补,如果若干方案中任一方案的取舍会导致其他方案现金流量的变化,这些方案之间也具有相关性。例如,某跨江项目考虑两个方案,一个是建桥方案;另一个是轮渡方案B,两个方案都是收费的。此时,任一方案的实施或放弃都会影响另一方案的现金流量。

组合—互斥型方案是指在若干可采用的独立方案中,如果有资源约束条件(如受资金、劳动力、材料、设备及其他资源拥有量限制),只能从中选择一部分方案实施时,可以将它们组合为互斥型方案。例如,现有独立方案A、B、C、D方案,它们所需的投资分别为10000、6000、4000、3000万元。当资金总额限量为10000万元时,除A方案具有完全的排他性外,其他方案由于所需金额不大,可以互相组合。这样,可能选择的方案共有:A、B、C、D、B+C、B+D、C+D等七个组合方案。因此,当受某种资源约束时,独立方案可以组成各种组合方案,这些组合方案之间是互斥或排他的。

混合相关型方案是指在方案众多的情况下,方案间的相关关系可能包括上述类型中的多种,这些方案称为混合相关型方案。

在方案评价前,分清方案属于何种类型是非常重要的。因为方案类型不同,其评价方法选择和判断的尺度就不同。如果方案类型划分不当,会带来错误的评价结果。在方案评价中,以独立型方案和互斥型方案最为常见。[1]

---

[1] 杜跃平,段利民. 技术项目评价理论与方法[M]. 西安:西安电子科技大学出版社,2017.

二、独立性方案评价

独立方案在经济上是否可接受,取决于方案自身的经济性,即方案的经济效果是否达到或超过了预定的评价标准或水平。欲知这一点,只需通过计算方案的经济效果指标,并按照指标的判别准则加以检验就可做到。这种对方案自身经济性的检验叫作"绝对经济效果检验"。如果方案通过了绝对经济效果检验,就认为方案在经济上是可行的,是值得投资的;否则,应予拒绝。

第一,应用投资收益率对投资方案进行评价:①确定行业的基准投资收益率(R_e)。②计算投资方案的投资收益率(R)。③进行判断。当$R \geqslant R_e$时,方案在经济上是可行的。

第二,应用投资回收期对投资方案进行评价:①确定行业或投资者的基准投资回收期(P_e)。②计算投资方案的静态投资回收期(P_t)。③进行判断。当$P_t \leqslant P_e$时,方案在经济上是可行的。

第三,应用NPV对投资方案进行评价:①依据现金流量表和确定的基准收益率i_o计算方案的净现值(NPV)。②对方案进行评价。当$NPV \geqslant 0$时,方案在经济上是可行的。

第四,应用IRR对投资方案进行评价:计算出内部收益率后,将IRR与基准收益率i_o进行比较。当$IRR \geqslant i_o$时,方案在经济上是可行的。

三、互斥方案的评价选优

所谓互斥方案,是指方案之间存在着互不相容、互相排斥的关系,接受了其中的一个方案便不能再接受其他的方案。在对互斥方案进行考察时,包含了两个步骤:第一,进行绝对效果评价,即检验各个方案自身的经济性能否通过评价标准;第二,进行相对效果评价,即从候选方案中通过经济性的比较选出最优者为可接受方案。这两个步骤缺一不可,只有当在互斥方案中必须选择其一时才可只进行相对效果评价。在互斥方案中,又可分为寿命期相等和寿命期不等这两种情况。

第一,寿命期相等的互斥方案。对于寿命相等的互斥方案,由于其计算周期相同,故进行经济效果评价时,在时间上已具备可比性。这里主要介绍增量投资回收期法。

增量投资回收期法是运用增量投资回收期法进行寿命相等互斥方案评价的步骤及判别准则如下：①将考察方案按投资额从小到大的顺序排列。②进行绝对效果评价，计算各方案的动态投资回收期，淘汰动态投资回收期大于基准投资回收期的方案。③进行相对效果评价，依次计算各对比方案间的增量投资回收期，凡增量投资回收期大于基准投资回收期者应舍弃投资较大的方案，反之则舍弃投资较小的方案，直到最后一个被保留的方案即为最优方案。

所谓"增量投资回收期"，又称"差额投资回收期"，以 ΔT_P 表示，是指两对比方案间由于投资额不等，其差额可视为在较小投资额的基础上追加一笔增量投资，计算该增量投资的投资回收期，对其经济性的评价与正常投资一样。计算公式如式4-14。

$$\sum_{t=0}^{\Delta T_P} (\Delta CI - \Delta CO)_t (1+i)^{-t} = 0 \quad (式4\text{-}14)$$

式4-14中：

ΔCO——增量现金流出；

ΔCI——增量现金流入。

第三节 建设项目的投资效果分析

一、建设项目投资效果考核的范围与种类

固定资产建设是维持社会简单再生产和扩大再生产的重要手段，是社会主义现代化建设的一个重要方面。讲求投资效果，是提高全社会经济效益的关键环节，投资效果是指耗费的投资与产出成果之间的对比关系。

投资效果，作为一个经济范畴，在不同的社会形态里，具有不同的社会内容和衡量标准。在资本主义制度下，资本家进行资本投资，目的是追求剩余价值，攫取最大限度的利润。因此，资本主义社会的投资效果，是预付资本同取得的剩余价值的比例。预付资本利润率的高低，是资本

家判断其投资经济效果大小的根本标准。

在社会主义制度下,由于建立了生产资料公有制,社会生产的目的是满足人民的物质生活和文化生活的需要。因此,从本质上说,社会主义的投资效果是要用最低的投资消耗和投资占用,完成预期的固定资产建设,为国民经济各部门提供新的物质技术基础,为改善人民生活提供物质条件,这是衡量社会主义投资效果的根本标准。

固定资产建设是一种复杂的物质生产活动,它和一般工业生产相比,具有生产周期长、产品单件性、固定性的特点。一个建设项目,从开工到竣工,少则需要几个月,多则需要几年甚至更长时间,而且,一旦竣工就很难更改。这就要在建设之前,认真做好拟建项目的原材料来源、协作条件、产品市场前景等的调查研究以及厂址选点、勘察设计等前期工作,不仅要慎重地进行项目建设必要性、技术可行性和经济合理性论证,而且要在项目建设过程中,力求使工程施工、建设物资供应、资金安排等各个环节紧密配合,协调一致,为项目投产以后达到预期的投资效果奠定基础。

一个工程项目的建设,要经过拟定规划、可行性研究、选择厂址、委托设计、施工,直到竣工验收、交付生产使用等很多环节。而每个环节都和投资效果高低有着密切关系,都是影响投资效果的重要因素,要尽可能早地发现妨碍提高投资效果的消极因素,就必须从头到尾全面考核建设项目的投资效果,而不能等到项目投产后一次算总账。这样,就需要根据项目建设的阶段性,设计出能够考核项目建设各阶段进展情况和效益高低的阶段性投资效果指标,并在项目建设过程中,分阶段、及时地进行考核。根据项目实施的阶段性特点,一般可按以下五个阶段考核项目建设全过程的投资效果。

(一)项目规划决策阶段的投资效果

项目规划决策阶段的投资效果是指在拟定和审批投资规划项目建议书和设计任务书阶段所估算和分析的项目投资经济效果。我国多年的建设经验证明,建设项目规划决策的节约,是最大的节约,项目规划决策失误,必然造成最大的浪费。

(二)项目1设计阶段的投资效果

项目设计阶段的投资效果是指根据项目设计方案所计算和分析的建设项目投资效果。例如根据有关技术经济定额和拟建项目规划,计算项目的生产能力、单位产品成本、劳动生产率、利润率、投资回收期等经济效果指标,目的在于论证所设计的建设项目的经济合理性,衡量选用的项目设计方案优于其他可能方案的程度。[①]

(三)项目建设阶段的投资效果

项目建设阶段的投资效果是指项目施工建设过程中的投资效果。如工程建设进度、工程建设质量、未完工程和储备资金占用水平、建设成本高低等。施工建设阶段,需要耗用大量财力、物力、人力,施工建设阶段投资使用效果好,就可为最终提高投资经济效果奠定基础。

(四)项目竣工验收阶段的投资效果

项目竣工验收阶段的投资效果是指在项目竣工验收时对项目建设的资金投入与所形成的物质成果的全面对比。投资所形成的物质成果主要是固定资产,同时包括一定量的工具、器具等不够固定资产标准和试生产所必需的原材料等流动资产,这个阶段的考核是对项目建设效果的综合性评价。

(五)项目投产阶段的投资效果

项目投产阶段的投资效果是指项目交付使用、投入生产后,根据实际数据所计算的投资效果。如果说,项目建设前期工作和建设施工过程,是资金投入阶段,那么,建成投产后,开始为社会创造新的物质财富,则是产出阶段。这一阶段的投资效果具有综合以上五个阶段的投资效果,从性质上说,可分为两大类。前两个阶段是一类,同属规划、预期性质。后三个阶段为另一类,则属于实施性质,在这些阶段计算的投资效果,是投资运用过程中和实际使用后所表现出的效益、规划性、预期性的投资效果与实际表现的投资效果之间是相互制约、相互依存的。规划决策阶段和设计阶段的投资效果,既为建设施工阶段、竣工验收阶段和建成投产阶段的投资效果提供前提条件,同时又受后者的检验。项目的建设方

---

① 李媛. 投资建设项目的经济分析[J]. 林业科技情报,2010,42(01):66—67.

案一经确定,整个项目的投资效果就成为相对固定、可以实际考核的因素。

在后三个阶段考核建设项目的投资效果,就是要按照党和国家的社会与经济发展方针、政策,根据经过批准的项目建设计划、设计文件,对照检查项目建设过程、竣工验收和建成投产后实际实现的各项技术经济指标是否达到了预期的要求,以便及时总结经验,发现和克服薄弱环节,提出改进措施。

不可否认,前两个阶段所做工作的成败、得失,对整个项目投资效果的高低起着决定性作用。尽管如此,在后三个阶段考核项目投资效果的工作也不是无足轻重、可有可无的。其具体作用可归结为以下几个方面。

第一,通过对项目建设阶段施工进度、工期、质量、投资使用情况的考核分析,可以及时了解和发现项目建设方案设计工作中和项目建设过程中存在的薄弱环节与矛盾,进一步查明原因,提出改进办法,把影响投资效果的不利因素消除在萌芽之中。实践证明,这是提高项目整体投资效果的重要措施之一。比如,建设项目在设计时的预算投资额,由于建设过程中的情况变化,有的单项工程可能超支,有的单项工程则可能节约,通过对建设实际成本的考核,就能及时提出各个单项工程之间平衡调剂投资的办法,防止有的单项工程胡花乱用,有的工程追加投资,结果导致整个建设项目的大幅度超支,被迫追加大量投资。

第二,通过项目竣工验收阶段对建设成果的全面评价,可以系统地总结项目建设经验,找出项目建设过程中的薄弱环节,为项目顺利投产做好充分准备。

第三,通过项目投产使用阶段对项目达产年限、固定资产产值率、销售利润、产品成本、投资收益率等指标的考核分析,可以进一步揭示和挖掘提高投资效果的潜力,有助于加强项目投产后的经营管理,并可吸取经验教训。

二、建设项目投资效果考核的指标体系

经济指标是评价和考核投资效果的主要工具。对固定资产建设项目

的投资效果进行计算、比较和检查,必须依靠经济指标这把尺子。

由于项目建设阶段、竣工验收阶段和投产阶段的主要任务不同,评价投资效果的指标体系也应当不同,单独设置。

(一)项目建设阶段投资效果主要评价指标

项目建设阶段投资效果的主要考核指标包括以下内容:年度(或季度)施工计划完成率。对项目建设进度的快慢进行考核。备用金占用率。评估项目的施工物资储备是否合理。达到概预算目标的所有投资支出的百分比。用于评估项目投资的应用。采用已完成的单项工程质量合格率和优良率来评定工程施工质量。

(二)项目竣工验收阶段投资效果主要考核指标

项目竣工验收阶段投资效果的主要考核指标包括以下内容:建设期。将实际工期与方案设计确定的工期进行比较。施工质量等级组成。指质量达到优良、优良和合格标准的单项工程占整个工程的比例。工程造价的增减率。指建造和购置固定资产的实际成本与设计规定的成本相比增减的百分比。物业交付率。指已交付使用的物业占项目总投资的百分比。交付使用的财产包括固定资产的交付使用和流动资产的交付使用。对单位生产能力(或工程效率)的投资。应将实际建成的单位生产能力投资额与设计规定的单位生产能力投资额进行比较。

(三)项目试运行阶段投资效果主要评价指标

项目试运行阶段投资效果的主要考核指标包括:达到设计生产能力的年数。应将项目建成投产后达到生产能力的时间与设计规定的达到生产能力的时间进行比较。投资利润率山。指项目建成投产后,正常年份或达到设计能力当年,生产经营取得的税后利润与投资额的比率。投资税利率。是指项目建成投产后,正常年份或达到设计能力年份生产经营所取得的利税总额与项目投资额的比率。投资净产值率。指项目建成投产后,正常年份或达到设计能力年份的税金、利润和职工工资总额与项目投资额的比率。投资回收期。指项目建成投产后,按正常年份利润、税金和折旧基金总额计算,收回项目全部投资所需的年限。

三、建设项目投资效果考核的原则、步骤与方法

（一）建设项目投资效果考核应当遵循的原则

1.坚持实事求是的原则

实事求是,从实际出发,是我们办一切事情都必须遵循的基本原则。固定资产建设是一项复杂的经济活动,不同的时间、地点、条件差异性很大。因而,考核建设项目投资效果,必须按照实事求是的精神,考核反映投资效果的各项数据资料。在对比分析时,要坚持辩证唯物主义观点,注意这一事物和其他事物的相互联系和制约关系,从项目本身实际情况出发,既注意一般性,又考虑特殊性,从事物不同的角度,不同方面观察比较,做出恰如其分的评价,切忌主观性和片面性。只有在考核工作中,坚持实事求是,才能通过考核工作,找到影响投资效果的主要因素,提出切实可行的解决办法,促进投资效果的提高。

2.坚持项目微观投资效果与国民经济宏观投资效果相统一的原则

在社会主义社会,整个国民经济和各部门、地区、企业在根本利益上是一致的。国家制定的基本建设计划,包括建设规模、投资方向、投资结构和建设速度的安排,是经过综合平衡确定的,是全国人民的根本利益和长远利益所在。它既反映了国民经济有计划、按比例发展的客观要求,又体现了社会主义建设是一个统一的协调发展的整体。因此,一般情况下,宏观投资效果与微观投资效果是一致的。

但是,社会主义经济是有计划的商品经济,兴建项目的企业和单位,是相对独立的生产者,由于它们各自所处的地位不同,特别是在价格体系不够合理的条件下,有时微观投资效果和宏观投资效果又存在着相互矛盾的一面。比如,兴建一个年产一万箱的小烟厂,约需投资150万元,投产后,每年可增加产值200万元,税利100万元,两年即可收回投资。从微观角度看,投资效果是好的;但从宏观看,它和现有大厂争原料、争市场,而且成本、质量等技术经济指标都赶不上大厂水平,在现有生产能力已达到或超过市场容量的情况下,再重复建设这种小厂,不仅白白浪费投资,而且还会降低已经达到的纸烟生产技术经济指标,宏观效果是不好的。相反,有些项目,比如在边远地区修铁路、建工厂,无论工期、造

价、生产成本、盈利水平,从目前看,可能都比经济发达地区差,就项目本身说,投资效果可能不那么好,但从长远看,它有利于逐步改变生产力布局不合理的状况,有利于充分利用当地资源和就近销售产品,而且对民族团结、巩固国防有着重要意义,宏观投资效果应该说是好的。

以上情况说明,宏观投资效果和微观投资效果的关系,实质上是全局和局部、长远利益和眼前利益的关系。在考核建设项目投资效果时,一方面要充分注意个别项目的投资效果,因为这是全社会投资效益的组成细胞,是宏观投资效益的基础;另一方面,又要坚持局部服从全局的观点,在微观投资效果和宏观投资效果发生矛盾时,要坚持服从提高宏观效果的指导和要求。

3.坚持项目建设成本与建设速度相统一的原则

项目建设速度快慢,项目发挥效益迟早,对投资效果影响很大。在考核项目投资效果时,必须重视项目建设速度问题。但是,建设速度问题不是孤立的,不能不顾其他条件和因素,单纯追求速度。由于固定资产建设涉及面广,内外协作关系多,一个项目的投资效果,通常受许多方面的条件制约。比如新建的钢铁厂如果要加快进度提前建成投产,原料、燃料和动力、交通运输等协作配套项目必须相应跟上。否则,钢铁厂即使提前建成,也不能发挥效益。而且,实际施工建设过程中,只有坚持正常的施工组织程序,在保证工程质量的前提下,主要依靠改进施工方法,降低材料消耗,提高劳动生产效率来加快建设进度才能真实有效地加快建设速度,那种不惜工本赶急图快的做法,是不可取的。

4.坚持建设项目的使用价值与价值统一的原则

在社会主义条件下,固定资产建设项目作为一种特殊商品,同样是使用价值和价值的统一体。只有把使用价值的考核和价值指标的考核统一起来,才能比较全面地反映固定资产建设的投资效益。例如建设一个项目,如果技术工艺落后,建成后不能正常投入使用,那么,即使这个项目耗用的投资比较少,但由于无法充分发挥使用效能,甚至不能使用,就不应当说它的投资效果好。反之,有些项目脱离了当前社会经济发展条件,片面追求高标准,虽然可能为使用者提供了某些特殊使用功能,但是由于加大了造价,浪费了投资,同样不能认为投资效益高。

在考核基本建设投资效果时,坚持使用价值与价值统一的原则,同时还要注意考虑资金占用时间的因素。因为一个建设项目,从开工到建成投产,直到收回全部投资,少则数月,多则几年,甚至十多年,如何做到资金投入少,占用时间短,尽快建成投产,实现设计能力,多出产品,这也是评价投资效果优劣的一个重要问题。此外,在评价项目投资效果时,还要注意政治效果和社会效果的问题。比如,国防建设和某些纪念性项目的兴建,就不能仅仅考虑经济效果,而主要应考虑其政治效果和社会效果。

(二)考核建设项目投资效果的步骤

固定资产建设产品生产周期长,资金周转慢,不能像一般工业产品那样,等到产品入库,再对产品的劳动耗费、产品质量等经济效果进行考核,必须随着建设工作的展开和投资的耗用,逐步地、分阶段地进行。实际工作中,大体可按照前述项目建设阶段、施工验收阶段和投产使用阶段,分为三个步骤进行考核。在这三个步骤上,考核内容和考核的作用,既有区别,又有联系,只有循序渐进地把每个步骤的考核工作抓好了,才有保证取得更好的整体投资效果。

第一,在建设阶段,是大量耗用人力、物力、财力的过程,也是建设产品逐步形成的过程。通过对投资的计划安排、施工准备工作进展情况、工程建设进度和建设工期、资金使用等情况的及时考核,以便努力降低投资消耗和资金占用,按期或提前保质保量地完成建设任务。

第二,在竣工验收阶段,是建设全过程最后总结和检验过程。它承担着建设项目从建设过程转入投产使用过程承前启后的任务。这个阶段考核投资效果的任务,就是以验收报告和竣工决算为依据,对整个建设项目的建设工期、工程质量、建设成本、投产使用条件等各项技术经济指标进行系统而全面地考查和鉴定,总结建设过程的经验教训,研究解决规划、决策、设计、建设过程的经验教训,研究解决规划、决策、设计、建设阶段存在和遗留的各种影响投资效果发挥的薄弱环节和问题,为顺利转入投产使用打好基础。

第三,在建成投产使用阶段,是实现和发挥投资效果的过程,也是规划、决策、设计、建设阶段投资效果的集中体现时期,由于建设项目经济寿命期(即项目发挥效益的时间)一般都比较长,从投资效果角度考核,主要是投产后的前几年,通过对实际达到设计生产能力年限、产品、产量、质量、成本、利润等生产技术经济指标的考核,及时发现和解决存在的问题,以促进达到和超过、设计所要求的预期经济效果。

(三)考核建设项目投资效果的方法

为了使考核项目投资效果的工作达到预期目的,在开展考核工作时,必须注意工作方法,一般要抓好以下几个环节。

1.收集资料,熟悉项目建设情况

收集和掌握资料,是进行考核的基础,在不同阶段考核项目投资效果,依据的资料不同。建设施工阶段,主要收集考核截止期的固定资产投资统计报表,会计报表和其他业务资料,如设计、施工合同、开(竣)工报告、工程质量月报、订货合同和材料、设备入库月报等。竣工验收阶段,要收集验收报告、竣工决算和年度财务决算,必要时还应调阅相关的明细核算资料,如主要单项工程和设备安装工程的决算、单体和联动负荷试车记录等。投产使用阶段,要收集考核期的生产统计报表和会计报表、主要产品质量、成本、销售合同等资料。对收集和掌握的资料,要按照考核的要求,进行加工整理和核对,比如统计数字和会计数字口径是否基本一致,如有出入,要查清原因。同时为了与设计确定的投资效果对比,还要收集和掌握建设项目批准的设计任务书,初步设计及总概算(包括批件和调整修改文件)以及同类项目投资效果资料,通过资料的收集、整理、查对,做到全面掌握情况,胸中有数。

2.采取多种方法,进行分析考核

考核投资效果,在收集、整理、核实资料的基础上,一般有以下方法。

第一,指标对比法。通过实际数据反映的经济指标与规划决策和设计所规定的同项指标,进行对比,来检查项目建设过程和使用过程经营管理工作的好坏,分析产生问题的原因,寻求解决的方法。投资效果指标的对照,根据考核的需要,可以采取多种多样的分组对比形式。如实际指标与计划、设计指标对比,与上年同期对比,与同类建设项目对比,与国外先进水平对比等。与计划设计对比,可以反映执行计划与达到设计的程度,并分析其间产生差距的原因,组织力量设法消除这种差距。直过上年同期或连续几年同期水平对比,可以考核建设项目进展情况和经营管理发展变化情况,从中探索发展规律,用来指导实际工作。与同类项目和国外先进水平比较,可以借鉴别人经验,取别人之长补自己之短,运用各项指标考核投资效果时,还要考虑到指标的内容、计价、时间和计算方法的可比性。比如,对建设成本的考核,如果实际成本升高,就要考虑是由于国家统一调整设备材料价格,还是其他因素。与同类建设项目相比,还要考虑它们所处地理位置、协作条件、技术经济上的可比性。客观事物都有它的特殊性一面。只要条件大体相同,就可相互比较,如果过分强调不可比性,就会闭塞思路,阻碍向先进学习。

第二,比较分析法。根据分析考核的需要,可以采用绝对数相比,也可用增减数或递增速度相比,可以用指数比较,也可用百分比进行比较。

第三,因素分析法。考核投资效果的各种指标,通常都是由于多种因素决定的,只有把综合性的指标,分解为原始因素,才能确定指标完成好坏的具体原因和症结所在。这种把综合指标分解为各个因素的方法,称为因素分析法。实际工作中,运用因素分析的方法投资效果考核是很重要的,因为建设项目许多投资效果指标,都带有综合性。只有分解成各个因素,才能进行相互比较,把考核工作推向深入。因素分析法一般顺序是:首先,确定某项投资效果指标是由哪几个因素组成的;其次,确定各个因素与指标的关系,如加减关系、乘除关系、乘方、开方关系等;最后,确定各个因素所占份额,比如,建设成本超支,就要核算清楚由于工程数量超过计划或设计数量而造成的超支占多少份额,结算价格上升造成的超支占多少份额等。

由于一个建设项目通常是由若干个单项工程费用所组成的,所以,要使投资效果考核工作深入,就需对构成建设成本的主要工程和费用项目按数量和单价逐项进行分析。同时,建设成本单价构成因素也较为复杂。如建筑安装工程单价是由若干种建筑材料、人工、机械台班消耗数量、预算单价和费用构成,要进一步分析工程单价超支的原因,就需按照上述因素分解方法,选择构成成本比例较大的工料消耗和价格做进一步的分析。

第三,抓住关键,查明影响项目投资效果的原因。通过指标对比揭露矛盾之后,还要进一步综合分析,找出影响投资效果的关键性问题和产生这些问题的主要原因,才能提出切实可行的解决办法。实际工作中,影响投资效果的因素是错综复杂的,考核分析时,既要把单项指标尽可能地分解成各个要素进行分析,更要把互相联系的有关指标综合为一个整体来评价。比如,前面举例的某煤矿建设成本单价超支,只是初步现象。如果构成建设成本的主要材料、工资、机械台班费等没有大的变动,那么就要联系建设工期、工程质量等经济技术指标进行综合分析。比如很可能这个煤矿的建设成本超支,主要是由于工期拖长,费用开支相应增加,或者工程返工浪费所致。只有通过对主要因素进行分析,才能透过现象看本质,寻根究底,找出主要矛盾,提出解决办法。

第四,调查研究,解决矛盾。通过大量反映投资效果的实际资料,考核比较,揭露矛盾、分析矛盾,综合概括以后,对建设项目的投资效果还只能做出初步评价。因为一个项目从开工到竣工建成交付使用,情况是极其错综复杂的,要达到考核的目的,还必须作多方面的调查研究,倾听各方面的意见,集思广益。通常采取的调查研究方法是:①召开各种专题调查会,对建设成本超支问题,可召集有关财务、计划、施工管理、物资供应部门的同志参加,事先通知会议的内容,提出探讨的问题。发扬民主,请与会人员敞开思想,各抒己见,揭矛盾,分析原因,研究解决方法。②登门拜访,个别交谈。一项工程建设搞得好坏,涉及决策、设计、施工、建设管理等各个部门,而在建设单位内部,又有许多职能机构。召开座谈会,这些单位只能派代表参加。因此,还必须有针对性地整理出调查提纲,向参与工程决策、设计、施工、管理部门的领导、工程师、经济师、会计师、管理干部登门求教,虚心听取来自不同角度、不同方面的意见,从而避免片面性。

通过广泛调查研究,听取各个方面的意见,然后去伪存真,由表及里地分析研究,对项国投资使用效果做出全面评价,肯定成绩,提出存在问题的性质和原因,制订切实可行的改进措施和办法,并在下一步实施中接受检验。

　　以上收集资料,熟悉情况,进行指标对比,分析矛盾,深入调查,研究解决问题的过程,实质上是考核投资效果工作的实践、认识、再实践、再认识的过程。为使考核投资效果工作达到预期目的,在每个阶段考核工作结束,提出改进措施后,还要注意搜集实施情况,检验效果,不断总结、不断改进考核工作。

第五章 建筑工程项目的经济分析与评价

第一节 工程项目可行性分析

一、可行性研究的概念

可行性研究是对各类项目、技术生产方案、经营决断的经济效果进行计算、分析评价的一种科学的研究方法，是工程经济分析论证中一种重要的技术手段。可行性研究是由多种学科研究成果融合发展而成的，通过对各类方案或施工过程中多方位的关系进行分析钻研，从而预测出工程项目中能够获取的效益。对工程项目进行相应研究，主要是从技术层面和经济层面对资产投资的形式以及设备更新等问题来进行研究，通过论证对比，分析方案可行性，预测工程项目完成后可能可以得到的收益，并最后得出该工程建筑项目的投资价值大小，为投资决策管理人提供合理的考量根据。

可行性研究大致上有三个方向的研究内容：工艺加工技术方面、市场需求和资源禀赋的研究、财务金融状况的分析。这几个方面的研究内容有着紧密的联系，其中，资源条件和市场条件是前提，技术手段是方式，而获得更好的经济收益和财务结果，则是整个活动过程中的中心目的，所有的可行性研究都是围绕着这一目的进行的。可行性研究通常都针对某一个特定工程建筑项目来进行，最常见的用法是对各类工程建设项目进行技术经济论证。而所谓工程建筑项目，一般都是指技术和经济层面上相对独立的的生产经营企业、交通运输与建筑工程以及其他服务性企业或生活用固定资产的新建、扩建、改建和修复工程。一个工程建设项目可视为一个投资单位，从技术、财务和经济上，它将区别于其他各项投资,以便于对它进行技术经济论证。

二、可行性研究的目的

可行性研究的目的是为了规避投资过程中的盲目性,降低可行性投资的风险,确保项目在投产使用之后,在市场竞争中能够获得社会层面和经济层面最大化的收益。可行性研究一般需要回答下列几个方面的问题,即回答五个W一个H问题。

第一个W是"WHAT"——及说明投资的大致意愿并了解该项目的基本情况,例如项目名称,生产的产品,工艺使用,技术支持,所需原材料和燃料动力等。

第二个W是Why——说明这项投资进行的基本原因以及拟采用的工艺在技术上的合理性、先进性、可行性;说明这一工程项目的规模,原材料采购,产品市场条件及经济上的合规性、盈利性,如国家支持项目建设的经济政策和技术政策等。第三个W是where——说明该项投资的发生地,项目拟建区域比较及当地的自然条件、社会条件,如拟建地点是否有原料、是否能够消化大部分产品、交通是否便利、各方的协作条件是否具备等。第四个W是When——说明投资行为的实践指标,即投资的初始时间、投产时间、投资回收期等,如项目的总体开发时间、竣工时间以及各个单位工程的开、竣工时间等。第五个W是Who——说明投资行为的主体情况、投资行为人及其代表和所负责的事务,如建设单位、经营单位等。而H问题则是How——说明投资行为的主体怎样去实施。

三、可行性研究的作用

对各类投资项目进行有关可行性研究的主要目的在于,为投资管理决策从多方面提供科学合理的依据,用以提升项目投资决策的水平标准,提高项目投资的收效。具体来讲,项目的可行性研究具有下述作用:①作为各类工程建筑项目建设立项的依据,我国现行的建设管理标准,可行性报告中的有关评论是业主和政府管理机关是否批准投资建设该项目的主要凭依。可行性研究可以说是决定该投资项目命运的关键阶段。②作为管理人和决策者向银行申请贷款或是申请筹款的主要凭据。

当业主向银行或是机构申请贷款时,必须提交附带拟建项目可行性的研究报告。还需经由银行或机构进行审查,对拟建项目的财务状况,经济效益,贷款的偿还能力以及偿还期限进行严格的审查,以便确认该项贷款作为项目的资金投入不会具有较大风险性。③作为项目方案设计和进行建设工作的一定依据,可行性研究报告含有对目标工程项目的建设方案,产品设计,建造规模,建设地址,工艺流程,主要生产设备以及总图布置的详细说明。因此,在某一项目的可行性研究得到审批后,该报告可以作为这一项目编制设计和投产投建的依据。④作为签订相关合约以及协定的依据,项目的可行性研究是项目的投资决策人和其他单位进行谈判,签订有关的承包合同,设备订货合同,原材料供应合同,销售合同等合同的重要凭依。⑤作为项目完结后的评价依据,要对所投资的工程项目建设过程进行整体的事后评价,就必须要以项目的可行性研究作为参照,并将该报告作为项目后续评价的对应标准,尤其是项目可行性研究中有关经济收益的内容,无疑是该项目事后评价的关键参考。⑥作为项目组织管理、机构设置、劳动定员的依据在项目的可行性研究报告中,一般都须对项目组织机构的设置、项目的组织管理、劳动定员的配备及其培训、工程技术及管理人员的素质及数量要求等进行明确的说明。⑦作为审查、申请的依据作为环保部门审查项目环境影响的依据,也作为向项目所在地政府和规划部门申请建设执照的依据。

四、可行性研究的基本要求

可行性研究作为工程项目的一个阶段,不仅起到了细化项目目标的承上启下的作用,而且其研究报告是项目决策的重要依据。只有正确的符合实际的可行性研究,才可能有正确的决策。具体要求如下。

第一,大量调查研究。以第一手资料为依据,客观地反映和分析问题,不应带任何主观观点和其他意图,可行性研究的科学性通常是由调查的深度和广度决定的。项目的可行性研究应从市场、法律和技术经济的角度来论证项目可行或不可行,而不是对已决定上马的项目,找一些依据证明决定的正确性。

第二,可行性研究应详细、全面。定性和定量分析相结合,用数据说话,多用图表示分析依据和结果,可行性研究报告应透彻明了。常用的方法有:数学方法、运筹学方法、经济统计和技术经济分析方法等。

第三,多方案比较。无论是项目的构思,还是市场战略、产品方案、项目规模、技术措施、厂址的选择、时间安排、筹资方案等,都要进行多方案比较。应大胆地设想各种方案,进行精心的研究论证,按照既定目标对备选方案进行评估,以选择经济合理的方案。

第四,加强风险分析。在可行性研究中,许多考虑是基于对将来情况的预测上的,而预测结果中包含着很大的不确定性,如项目的产品市场、项目的环境条件,参加者的技术、经济、财务等各方面都可能有风险,所以要加强风险分析。[①]

五、可行性研究应遵循的原则

进行有关可行性研究的部门在实践中应当遵循以下几点:

第一,科学性原则。进行可行性研究时一定要按照客观规律进行研究分析,这是最基本的原则。具体来说,一是要用科学的方法和认真负责的态度来收集、分析和鉴别原始的数据和资料,以确保数据、资料的真实性和可靠性。二是要求每一项技术与经济指标,都有科学依据,是经过认真分析计算得出的。三是可行性研究报告和结论不能掺杂任何主观成分。

第二,客观性原则。要坚持从实际出发、实事求是的原则。可行性研究要根据项目的要求和具体条件进行分析和论证,以得出可行和不可行的结论。因此,建设所需条件必须是客观存在的,而不是主观臆造的。

第三,公正性原则。可行性研究工作中要排除各种干扰,尊重事实,不弄虚作假,这样才能使可行性研究正确、公正,为项目投资决策提供可靠的依据。目前,在可行性研究工作中确实存在不按科学规律办事,不尊重客观实际,为得到主管部门批准任意编造数据,夸大有利条件、回避困难因素,故意提高效益指标等不良行为。虚假的可行性研究报告一害国家,二害投资者自己,是不可取的。

---

① 刘琳.建设工程项目使用林地可行性分析[J].吉林农业,2019(16):49.

第二节 工程项目不确定性和风险分析

经济评价作为项目投资决策的重要环节之一,形成了丰富而实用的评价方法,综合而言,按照不同的划分方法可以分为不同的类别,按照是否能够直接得出经济量的大小,可以分为定量评价与定性评价,定量评价方法大体包括基于货币时间价值的评价方法,不确定性分析方法和实物期权的方法,而定性的评价方法归根结底都是多指标综合指标打分的方法,区别在于指标选取的方法以及指标权重的赋值方法。无论何种定性评价方法,最终结果都不能直接回答经济量的大小。换而言之,只能够进行优劣排序,即某一项目或者某一种技术方法是否得分高于某一项目或者方法,而不能直接回答是否可行。

一、不确定性分析

(一)不确定性分析的概述

工程项目的可行性研究中,在进行了各方面的研究之后还要进行经济评价,即预先估算建设这个工程项目的经济效益。无论是哪一个建筑项目,在确立投资与决策时,不仅要考虑其各方影响,并且要对项目的经济合理性进行预测。因此,可以说对工程项目进行经济评价对于工程项目的综合方案评估而言是非常关键的一步,也就是说当其余条件无法区别是,经济条件是最终决策的根本依据。在经济评价中,由于大部分数据都是由预测而得的数字,其中的不确定性是难以避免的,也就是说,估算可能不准确或外界条件在以后可能发生变化。因此利用这些预测出来的数据计算出经济评价指标以后,据以作出决策到实行时可能并不是真正的最佳决策,因而使投资不能获得预期的利润甚至造成亏损,这就是说有不确定性就有风险,风险大的工程项目,必须具有较大的潜在获利性。风险越大,预期的折现现金流通收益率(内部收益率)也应当越大。

(二)不确定性分析的方法和意义

首先补充说明实物期权方法。实物期权是由金融期权发展而来的一种理论,期权即选择权,选择买入或者卖出一项资产。由于工程投资与金融投资类似,都具有较高的不确定性,因此部分学者将金融期权的理论引入到实物期权中,用于对房地产,油气资源以及工程投资等项目进行定价。部分研究认为,传统贴现现金流量未能将"等待"或者"不确定性"的价值,也就是期权的价值加以考虑。实物期权是由金融期权在实物领域的延伸,沿用了金融期权的两种基本定价模型布莱克-斯库尔斯(Black-Scholes)期权定价模型和二叉树期权定价模型。首先,当前在工程投资领域,实物期权的研究较少,并且大多数研究集中于工程项目具有实物期权的特征,而真正在定价中又是套用金融期权的公式;其次,期权理论需要较多的假设,其中最重要的一点假设就是要存在标的资产活跃的交易市场,否则即使理论中存在期权的价值,现实中标的资产无人接收,也就不能实现期权的价值;最后,与其说是贴现现金流量模型低估了投资项目实际的价值,还不如说期权模型高估了项目的价值,因为考虑到期权的定价模型为 项目价值=净现值+期权溢价,正如第二点所言,在不存在活跃的交易市场的条件下,即使存在期权溢价也无法实现,由此可能导致盲目投资的结果。鉴于以上三点,研究不考虑实物期权的定价理论。

而不确定性分析是指对决策方案受到各种事前无法控制的外部因素变化与影响所进行的研究和估计。它是决策分析中常用的一种方法。通过该分析可以尽量弄清和减少不确定性因素对经济效益的影响,预测项目投资对某些不可预见的政治与经济风险的抗冲击能力,从而证明项目投资的可靠性和稳定性,避免投产后不能获得预期的利润和收益,以致使企业或项目投资亏损。对工程技术项目的不确定性,做定量分析称为不确定性评估,其具体方法主要有:盈亏平衡分析、敏感性分析、概率分析等。其中盈亏平衡分析、敏感性分析最为常用。盈亏平衡分析主要用于财务评价,敏感性分析和概率分析则可同时用于财务评价和国民经济评价。对建设项目进行不确定性分析,一是有助于对建设项目各因素的影响趋势和影响程度有一个定量的估计。二是有助于对建设项目的不同方案做出正确的选择,注重各方案在项目因素发生变化和波动后的效果,然后再从中选出最佳方案。①

(三)具体分析方法讨论

1.敏感性分析

敏感性分析就是检测不同影响因子对现金流量具体发生时对工程项目综合盈利性的具体影响,一般先计算在基本情况下的内部收益率,然后使各项含有不确定的估算数据(如:建设投资、产品售价、原料价格、生产能力等)出现时某一百分率的劣势转变,依据不同的变化类型来列写不同的主语现金流量表,进而得到新情况下的内部收益率,之后再对所得的数据结果和基本情况下数据结果之间的差异进行分析。其也是是一种运用极为广泛的方法。其基本思想是,假设因变量y是自变量X....XN的函数,假设变量变化,观察y随X变化的程度。在经济评价中,贴现现金流量模型中的评价指标都可以作为因变量y,销售收入、经营成本、项目投资、折现率等都可以为这里的X。值得特别指出的是,虽然敏感性分析在理论上可以同时考虑多变量的变化对结果的影响,但是实际操作比较难以实现,一般只用于单变量敏感性分析,例如:某工程项目的敏感性分析如表所示。

各项目变化情况	内部收益率(IRR)	内部收益率变化值(△IRR)
基本情况	15.91%	0
建设投资增加10%	14.51%	−1.4%
产品售价降低10%	10.01%	−5.9%
原来价格增加10%	12.40%	−3.51%
生产能力降低10%	13.78%	−2.13%

由表可知,产品售价及原料价格发生不利变化时最敏感,因此项目实

---

①陶冶,刘世雄.BT工程项目风险分析和分配研究[J].工程管理学报,2014(02):81−86.

施过程中要努力缩小其不确定性。例如:为了原料费用不增加,尽量降低原材料的消耗;为了防止产品售价降低,可以设法提高产品质量或扩大产品的用途。

2.盈亏平衡分析

盈亏平衡分析是确定最低生产或销售水平,在此条件下项目既能经营而不危害它的财务可行性,盈亏平衡点表明项目既不盈利也不亏损。盈亏平衡点越低,项目盈利的机会就越大,亏损的风险也越小。盈亏平衡分析也叫量本利分析方法,顾名思义,这里的量是产品销量,在产销平衡的假设前提下也就是产品产量,本即产品成本,利即理论。这是一种基于成本性态分析基础之上的评价方法。该理论运用损益方程,即利润=收入-成本的等量关系原理,用于分析企业只有达到多少的产销量才能够实现盈亏平衡,也就是保本分析。该方法还可以用于保利分析,即要实既定的利润,需要达到的销量或者销售额项目能力的预期利用和收支平衡点之间的差额是安全界区,这个界区越宽越好,收支平衡点表达了生产能力的最低容许利用程度。盈亏平衡点的两种计算方式:对于盈亏平衡点的计算,我们可以运用公式法,除此之外也可选择图示法。

盈亏平衡点公式:

$$BEP(生产能力利用率) = \frac{年总固定成本}{年产品销售收入 - 年可变总成本 - 年税金及附加}$$

$$BEP(产量) = \frac{年总固定成本}{单位产品价格 - 单位产品可变成本 - 单位产品税金及附加}$$

$$BEP(产品售价) = \frac{年总固定成本}{设计生产能力 + 单位产品可变成本 + 单位产品税金及附加}$$

二、工程项目中的风险分析

当下我国的科学技术发展迅猛,社会也在不断地进步,风险在各行各业都不断显露。风险会影响个人的生活以及行业的生产和经营,以各式各样方式体现。近些年,国家相关部门积极地运用宏观经济,加大了对基础设施建设和投入,为社会的经济发展提供了助力。随着工程项目规模扩大,相应的建设速度也在不断加快,对建设项目工程的管理工作是一种挑战。随着项目规模扩大速度的加快,其中的风险也变得更加不可预知。当项目不断扩大,风险因素也随之增加,因此,风险所造成的损失也就越严重,人们习惯依靠工作经验和主观判断决定风险的应对办法。但是,随着工程风险的种类广泛且复杂,任何一项管理都与决策密不可分,决策的效果将会直接影响整个项目的进程,需要每一个决策均具有科学性和合理性。风险管理决策是整个风险管理的核心,研究建设工程项目风险管理具有重要的现实意义。风险管理最终的目标是投入最小的成本避免或者降低风险,将风险所产生的损失降到最低,可以通过项目风险管理从中获得风险收益。对衡量管理水平而言,风险管理水平是一项重要指标,与我国建筑行业在未来的核心竞争力息息相关。应不断提高风险管理的水平,这是当下建筑行业工作的重中之重,也是我国和国际接轨的必要一步。

(一)我国工程项目风险管理发展现状及存在问题

我国的建设工程项目风险管理发展较为迅速,但还未形成科学、完整、实用的风险管理标准,基础仍然相对薄弱,还有许多缺陷和不足,主要包括以下几个方面。

1.住房建筑风险

住房建筑业是一项高风险行业,随着社会文明与经济的飞速发展,住房建筑业的增长速度不断加快。随着建筑市场竞争日趋激烈,为了在激烈的市场竞争中获得生存的机会,承包商过度竞争,导致建筑公司的合理利益受损。

2.地铁施工风险

由于地铁施工具有隐蔽性、复杂性和不确定性的风险,同时也面临复杂的地质条件和外部条件以及施工人员可能缺乏管理和经验的影响,损害建设单位构建的品牌。

3.桥梁工程风险

一般的桥梁工程风险投资大,具有复杂及多样的结构设计与施工工艺,并且建设规模大、周期长,再加上可能遇到复杂的施工环境,使建设施工的难度增大,伴随的风险也具有多发性、多样性,这是桥梁工程独具的特点。

4.隧道工程风险

隧道洞口施工风险涉及多方面的因素,如水文、地质条件、地形地貌、周围环境、开挖方式、支护措施及参数、施工质量与管理、设计结构形式、施工扰动、大气降水等影响因素,隧道洞口施工风险是开挖时各个因素相互作用下产生的,必须全面考虑各种因素,制定综合防护措施。隧道开挖易产生滑塌和冒顶,强风化、强卸荷、岩体强度低、岩体节理裂隙发育、岩体破碎、自稳能力差开挖易造成坍塌,尤其是Ⅳ级以上的围岩情况。因此,开挖施工难度较大,易发生坍塌、冒顶、放炮伤害、机械伤害等事故。

(二)工程项目风险管理存在问题

1.施工企业风险管理意识淡薄

对于高风险项目来说,风险管理意识薄弱是管理最大的风险。在我国的建设施工行业中,不少企业对工程项目的风险管理意识相对欠缺,特别是中小型的企业,为了节约成本、扩大利润,忽略了项目中最重要的项目风险管理。即使对项目采取风险管理措施,也可能只是针对项目的进度或者施工材料,未从整个项目的预算、施工、竣工全过程进行风险的评估和预测,更没有制定风险应对措施和处理办法。

2.项目人员构成多元化

项目由多个单位参与。其中的管理人员、技术人员、施工人员,流动性均较大。如果对于新入职员工,不进行培训便上岗,由于其不了解项目进度、项目目标和施工技术等,易导致对风险因素的忽视。新员工控制风险的能力较低,会不利于项目管理。

3.管理机制不完善

项目经理的联产承包责任制的项目信息披露有限,缺乏风险识别,预警和风险分担的内部激励机制。施工现场管理不到位。首先,部分工作没有按照规则与行业标准实施,违反规章制度和规定的行为时常发生。例如,一些建筑企业建筑设备操作员没有证件。其次,材料、设备和设施的管理不规范。部分建设单位缺乏材料储存和使用的有序管理,造成材料浪费,增加建设成本。最后,部分施工企业的专用施工设备未经批准便在施工现场安装使用;即将到期的专用设备继续违规使用;日常维护、保养设备的检查浮于形式,没有及时修复、更新。一旦发生事故,将直接影响项目的施工进度和质量。

4.施工质量与安全观念薄弱

首先,管理人员的技术水平和安全意识薄弱,对项目施工的整体质量和安全没有进行有效把控,甚至将进度无限制提前或者加快,达到降低成本的目的。其次,急于完成工作任务,节省人力成本。对部分施工人员未进行作业水平考核,一些非常规施工技术的施工队伍也参与施工,安全和质量均得不到保障,很容易造成安全事故,如施工过程中毒窒息、支架塌陷、高空坠落、建筑机械损伤等。风险具有很强的随机性,一旦事故发生,会影响项目的进度、质量以及企业的经济效益和社会经济效益。因此,必须加强项目工程风险的管理,确保项目能够顺利开展。

(三)工程项目风险的控制与对策

通常情况下,对风险的应对,采取措施防患于未然,尽可能将风险降至最低,让可能发生的风险在可控范围内,项目风险控制的主要方法。

1.加强施工过程管理

建设单位应加强施工过程控制,注意各个环节和结构的细节,传统施工单位并没有风险管理部门。当代建筑企业应当创新管理体制和组织结构,建立专门的项目风险管理部门,协调各部门开展项目风险管理工作,提高公司抵御风险的能力。

加强施工过程管控,需要从项目招标到项目完成。风险管理者需要在招标工作中对合同进行深入分析,发现不平等和不合理的条款,及时提出修改意见,维护双方利益。在施工过程中,应注意提高管理人员与施工人员的水平及安全意识,对施工材料的质量和施工设备的规格严格把控。

2.加强技术环境风险防范

技术风险的防范是风险防范的重要组成部分。首先,施工管理人员需要对施工现场的地质条件进行实地调查和科学分析,应避免因地质条件对施工的延误。其次,施工的技术人员在施工前应了解施工现场的水文条件和气象信息,对施工进行合理安排,以确保项目顺利实施。最后,必须变更施工图纸时应及时,提高施工作业的效率,降低施工风险的可能性。

第三节 工程项目的国民经济评价

一、国民经济评价概述

建设项目经济评价应根据国民经济与社会发展以及行业、地区发展规划的要求,在项目初步方案的基础上,采用科学的分析方法,对拟建项目的财务可行性和经济合理性进行分析论证,为项目的决策提供经济方面的依据。建设项目经济评价包括财务评价(也称财务分析)和国民经济评价(也称经济分析)。在市场经济条件下,大部分工程项目财务评价结论可以满足投资决策要求。但对于财务现金流量不能全面、真实地反映其经济价值,需要进行经济费用效益分析的项目,应将经济费用效益分析的结论作为项目决策的主要依据之一。

(一)国民经济评价的定义、目的

1.国民经济评价的定义

国民经济评价也称为费用效益分析。所谓费用效益分析,从资源合理配置的角度,是按合理配置稀缺资源和社会经济可持续发展的原则,采用影子价格、社会折现率等参数,从国民经济全局的角度出发,分析项目投资的经济效率和对社会福利所做出的贡献,评价项目的经济合理性。

2.国民经济评价的目的

对于财务价格扭曲,不能真实反映项目产出的经济价值,财务成本不能包含项目对资源的全部消耗,财务效益不能包含项目产出的全部经济效果的项目,需要进行经济费用效益分析。这类项目主要包括:①具有垄断特征的项目。②产出具有公共产品特征的项目。③外部效果显著的项目。④资源开发项目。⑤涉及国家经济安全的项目。⑥受过度行政干预的项目。

国民经济评价是在合理配置社会资源的前提下,从国家经济整体利益的角度出发,计算项目对国民经济的贡献,分析项目的经济效益、效果和对社会的影响,评价项目在宏观经济上的合理性。

(二)国民经济评价与财务评价的共同点与区别

1.费用效益分析与财务评价的共同之处

第一,评价方法相同。它们都是经济效果评价,都使用基本的经济评价理论,即效益与费用比较的理论方法。都要寻求以最小的投入获取最大的产出,都要考虑资金的时间价值,采用内部收益率、净现值等盈利指标评价工程项目的经济效果。

第二,评价的基础工作相同。两种分析都要在完成产品需求预测、工艺技术选择、投资估算、资金筹措方案等可行性研究内容的基础上进行。①

2.经济费用效益分析与财务评价的主要区别

第一,两种评价所站的角度不同。财务评价是站在项目的自身角度,从项目经营者、投资者、未来债权人的角度,分析项目在财务上能够生存的可能性,分析各方的实际收益或损失,分析投资或贷款的风险及收益。而国民经济效益分析则是站在国家角度,从全社会的角度分析考察项目的国民经济费用和效益。

第二,费用和效益的含义及划分范围不同。财务评价只根据项目的直接发生的财务收支,计算项目的费用和效益。国民经济费用效益分析则从全社会的角度考察项目的费用和效益,不仅仅关心项目给企业带来的盈利,而且还要关心项目对整个国民经济的贡献。这时拟建项目的有些收入和支出,从全社会的角度考虑,没有造成国民经济损失或增加收入的,不能作为经济费用或收益,例如税金和补贴、银行贷款利息等。

第三,价格体系不同。财务评价是在现行价格体系下,使用实际的市

---

①王正芬,陈桂珍.建设工程项目经济分析与评价[M].成都:西南交通大学出版社,2016.

场预测价格,计算和分析项目未来的实际盈利水平。而国民经济费用与效益分析要考虑资源的稀缺性和有效利用以及国民经济的最佳投资方向和投资结构。另外,国内外市场供求关系和市场价格变化也是国民经济效益分析所必须考察的因素。国民经济效益分析则使用一套专用的影子价格体系。

第四,两种评价使用的参数不同。财务效益分析采用的是各部门、行业的基准收益率,或者是平均利率加风险系数,财务基准收益率依行业的不同而不同,不同的项目有不同的折现率。而国民经济效益分析采用的是社会折现率,而社会折现率对于全国各行业各地区都是一致的。

第五,汇率不同。财务效益分析使用官方汇率,而国民经济效益分析使用的是影子汇率。汇率实质上是一种外汇价格,官方汇率体现了现行的外汇价格,所以在财务效益分析中,用官方汇率换算、度量费用和效益。国民经济效益分析要求使用一种反映资源稀缺性和市场供求关系的外汇价格,所以要对现行汇率进行调整,用比较合理的汇率(即影子汇率)进行换算和度量经济费用和效益。

(三)国民经济评价中的效益与费用原则

1."有无对比"原则

项目的国民经济费用和经济效益分析,应建立在增量效益和增量费用识别和计算的基础之上,通过"有无对比"进行分析,即通过有项目的实施效果与无项目情况下可能发生的情况进行对比分析,即"有项目"与"无项目"时的情况对比分析,作为计算机会成本或增量效益的依据:①效益表现为费用节约的项目,应根据"有无对比"分析,计算节约的经济费用,计入项目相应的经济效益。②对于表现为时间节约的运输项目,其经济价值应采用"有无对比"分析方法,根据不同人群、货物、出行目的等,区别下列情况计算时间节约价值:一种是根据不同人群及不同出行目的对时间的敏感程度,分析受益者为得到这种节约所愿意支付的货币数量,测算出行时间节约的价值;另一种是根据不同货物对时间的敏感程度,分析受益者为了得到这种节约所愿意支付的价格,测算其时间节约的价值。

2.关联效果原则

财务分析从项目自身的利益出发,其系统分析的边界是项目。凡是流入项目的资金,就是财务效益,如营业收入或运营收入;凡是流出项目的资金,就是财务费用,如建设项目投资支出、经营成本和税金。经济费用效益分析则从国民经济的整体效益出发,其系统分析的边界是整个国民经济系统,对项目所涉及的所有成员及群体的费用和效益作全面分析,不仅要识别项目自身的内部效果,而且需要识别项目对国民经济其他部门和单位产生的外部效果。

3.资源变动原则

正确识别正面和负面外部效果,防止误算、漏算或重复计算。计算财务效益收益和费用依据的是货币的变动,凡是流入项目的货币就是直接效益,凡是流出项目的货币就是直接费用。国民经济费用效益分析以实现资源最优配置从而保证国民经济收入最大增长为目标。经济资源的稀缺性,意味着一个项目的资源投入会减少这些资源在国民经济其他方面的可使用量,从而减少了其他方面的国民收入,从这种意义上来说,该项目对资源的使用产生了经济费用。同理,由于项目的产出能够增加社会资源来满足人们的需求,所以项目的产出具有经济效益。

4.正确识别和调整转移支付,根据不同情况区别对待的原则。

接受转移支付的一方所获得的效益与付出方所产生的费用相等。转移支付行为本身没有导致新增资源的发生,因此,在经济费用效益分析中,应剔除税金、补贴、国内借款利息等转移支付的影响。可见,在考察项目经济费用和效益的过程中,依据的不是货币,而是社会资源真实的变动量。凡是减少社会资源的项目投入都视同经济费用,凡是增加社会资源的项目产出都是经济效益。当然,资源应是稀缺的经济资源,而不是闲置或不付出代价就可自由使用的物品。

二、国民经济评价参数

国民经济效益分析(评价)要从国家整体角度考察项目的效益和费用,费用效益分析时所使用的参数是费用效益分析的基本判据,对比选项目优化方案具有重要作用。国民经济费用效益分析的参数主要包括社会折现率、影子汇率和影子工资等,这些参数由有关专门机构组织测算发布。

(一)影子价格

物价为衡量国民经济综合评价指标中物价的另一项重要关键因素。价格标准是用来衡量企业各项经营费用成本和企业经济效益好坏的最统一的尺度,价格的合理准确与否直接关系到着经营费用核算和企业经济效益好坏核算结果的准确性,因此它关系到着计算和结论本身的客观性。合理的资源定价还必须能体现国际市场供求关系的动态变化、资源储备的相对紧缺的程度以及国际市场价格因素。我国有相当大部分商品的现行市场售价都不能准确反映价格或价格不能够全面地反映出这其中几个价格因素,原因是在我国现实经济生活中,由于经济体制、社会与经济环境、经济政策、历史原因影响等,不同的商品价格与商品服务带来的商品市场价值差异往往也无法完全真实地体现经济价值。在所有这些特殊情形发生下,必须及时调整或者采用其影子价格,以便使其更能够准确体现该商品本身或者该服务本身的价格。

影子价值是指按照一定原理确定的,可以体现投资物和产出的实际投资价值,反映社会供需情况、自然资源的稀缺状况,对自然资源进行配置的价值。影子价格是按照我国经济社会发展的水平以及自然资源的可获得性而制定的。如一种自然资源需求量很少而应用普遍,那么其影子价值就提高;一旦该种自然资源的需求量增加,其影子价值就会降低。进行费用效益时,投资的主要投资物和输出的价值,基本上都要实行影子价值。制定影子价格中,针对投资物和产出物,先应划分为市场价格商品、行政控制价格商品、特殊投资物品和非市场价格商品这四个类型,而后按照投资物和产出物对国民经济的作用分别处理。

财务分析的目标是追求货币利润的最大化。这决定了财务分析的费用和效益都是采用交易价格,即市场价格来计量的,而不管这种价格是怎样形成和制定的。

1.影子价格的确定

由于目前的市场经济还不成熟,再加上市场经济管理体制、经济贸易政策和社会历史因素,市场价值歪曲变形严重,市场价格背离价值的现象仍然普遍存在。所以,目前不合理的市场价值并无法成为资源配置的合理准则。在建设项目的国民经济评估中,经济效益与经济费用的计算均应实行影子价核算。而影子价的具体计算方法,应当按照下列情况分别确认。

2.用地的影子价值

在中国目前获得农村土地所有权的主要方式,包括了政府划拨、磋商谈判、招标投标、交易市场拍卖会等。而透过不同的方式获得农村土地所有权,对一个企业所占有的地块也可以产生不同的财务费用,即使其财务费用是零。但是项目占有用地的历史代价总是存在的,并且同一张用地在特定阶段的经济代价也是唯一的。如果项目占有用地,使得这种用地对国民经济中的其他重要社会作用都无法实现,而这样由于有了项目用地而无法实现的最高潜在收益,便是项目占有用地的最高机会成本。所以,所有土地的历史影子价值都是构建在项目退出的最大收益这一时间成本概念之上的。

(二)影子汇率

汇价是二个国家各种汇率间的比值或兑换比例。影子人民币,是指能够准确体现国家间外币经济价格的人民币。在项目国民经济评估中,对于项目的进口商品投资物或出口生产物,将通过影子人民币折合系数调整计入进出口间外币收支的价格。影子人民币主要根据一个国家或区域在很长期内,对外进出口的经济构成与发展水平、外汇交易的机会成本以及变化、外币供求情况变化等各种因素而决定。当这些影响发生时,影子汇价值便需作一定的调节。而影子汇价则可利用影子人民币折算系数确定。影子人民币折算系数系指影子汇价和外汇牌价间的比率。对影子汇价的测算方式为:影子汇价=外汇牌价×影子汇价折算系数。

影子汇率根据当前外汇支出、外币需求、对外我国进出口构成、我国对外进出口关税因素、我国对外进出口税收和出口商品退税补偿等的实际状况,影子汇率折算系数调整为一点零八。

(三)社会折现率

社会折现数,是用来反映资本时间价格的主要参数,表示社会资本所占有应取得的最低报酬。

社会折现法率,系指在工程项目国民经济评估中反映社会主义国民整体内部收益率变化的基准值,它是估算工程项目国民经济净现值的社会折现值法,是项目经济实施与方案间对比选择的重要判据。合理的折现比率可以合理分配建设项目投资,引导投入对行业发展贡献较大的项目,调整了资本供求关系,促使资本在短期与长期项目间的合理调配。社会折现法率主要基于我国的社会经济发展水平、增长策略、国民经济优先次序、增长能力、政府宏观调控目标、社会投资收益情况、资本供求情况、社会投资期限与成本等要素进行了研究,并根据中国当前的现实状况,并参照了国务院发展与改革委员会和原住宅与城乡建设部共同颁布的《项目经济效益评估与参数》(第3版),中国目前已确定的社会折现法比为百分之八;对获利时间长的项目,如果远期经济效益较大,效益实现的可能性较小,其折现法率可以相应减少,但不能少于百分之六。

第四节 工程经济在工程项目的应用

一、工程设计方案经济分析

在工程产品寿命的不同阶段进行造价控制,其意义和内容是完全不同的。据分析,投资决策和初步设计阶段对投资结果的影响程度占所有影响的90%,以往的工程项目当中广受重视的施工阶段对投资结果的影响程度仅为10%左右。工程项目的工艺流程方案一旦确定,工程项目的造价也就基本得到确定,因此,工程成本控制的关键在于施工前的投资决策和初步设计阶段。工程设计中的经济分析也成为一项非常重要的,值得引起广泛重视的工作。

(一)工业建设设计与工程经济性的关系

工业建筑设计中最经常使用的主要经济指标有以下的一些领域:①建筑系数。建设系数即为建设密度系数,是工厂(通常指厂区围栏内)的建筑材料、结构和各类露天库房以及堆场、作业场所等的总建筑面积,占全部工厂建造的设计用地建筑面积比例的平均值,同时也是衡量工厂总的建筑平面及设计用地面积是否经济合理的重要指数。建筑系数越大,就表明布局越紧凑,对土方的利用也更节省。同时紧凑的水平面设计还能够降低土石方工作量,从而减少了管道间距和运送距离,进而减少了工程造价。②土地利用系数。土地利用系数,即厂房的总建筑物面积、结构、露天库房和堆场,以及作业场地铁路、交通、广场、给排水设备、磨碎地下管道等所占用的建筑面积,与整个厂房建设土地面积之比,它综合体现了总建筑物平面布置的经济合理性与土地效率。③工程量技术指标。工业工程量指标指体现了工业总投入的主要经济指标,它包含了现场水平土石量、地铁、轨道、广场建筑摊铺建筑面积、给排水系统工程、建筑墙体高度和园林绿化建筑面积。④运营费用技术指标。运营费用指标指衡量交通运输系统设计上能否经济合理的技术指标。它可以分为轨道、无轨道线路、每吨货的运送费以及经常收费等。⑤合理确定厂区建设的平面布置。平面布置应当符合生产工艺的特点,力求科学合理地决定厂房的平面形式和组合形态,各厂房、各工段的相对位置以及柱网、跑道、门窗等单个平面形式越靠近方形越是经济合理,并尽量设置纵跨,以便于选择统一的构造方法,减少复杂结构种类和简单结构。⑥厂房的经济层数。针对生产技术上需要空间跨度大和层高,并具有重型的生产装置与起重设施,在生产中常引起很大震动并排放大量热气与气体的重型工厂,选择单层厂房是最经济适宜的。但对工艺流程紧凑,可选择垂直工艺流程并采用重力搬运方法,对机械设备和生产负载不大,并需要恒温环境的各种轻型厂房,选择多层厂房可以降低占地面积和设计工作量、减少与交通线道和厂区墙壁之间的距离等。厂房层数的多少,应依据地理条件、建筑物的结构特性、建筑物构造形态、建筑物、施工方式和自然环境条件(地震、强风)等各种因素,及其工艺条件等实际情况而决定。

多层厂房的经济层数的决定,主要考虑二种原因:一是工厂展出面积的多少,工厂展出面积越大,经济层数也越可能提高。二是与工厂的长短与宽窄密切相关,长短和宽窄越大,经济层数就能增大,生产费用也就相应减少。⑦合理决定厂房的高度与层高。随着楼层的高度增大,墙与隔墙间的施工费、涂料费用、装修费用等也会增大,同时水电、暖通设施的空间尺寸和管线增多,因此楼梯间和电梯间的设备费用就会增大,而起重等运输设备以及相关费用也会增大,也要进一步提高顶棚施工费用。决定工厂高度的主要因素为工厂内的运送方式、设备高度以及加工宽度。在其中,以运送方式的选用更为灵活。所以,为了减小工厂高度,常采用悬挂式起重机、龙门式起重机或在地面上的无轨运输方法。⑧柱网选择。相对单跨工厂来说,当柱间隔固定时,跨度越大则单位体积费用也越低。这也就是除屋架以外,其余构件分摊在单元建筑面积上的平均值费用随着建筑长度的增加而减小;至于较多长度的建筑,在长度不变后,中长度的比例越多越大,也就是支柱等建筑基础分摊在单元建筑面积上的平均值费用减小。⑨工厂的尺寸和规模。在符合技术条件和能力的情况下,尽可能缩小工厂的尺寸和规模,以缩短工期和降低工程造价。因此,需要设计师们尽可能地采用最先进的生产工艺和最高效能装置,并合理而紧凑地布局好总体平面图和设备流程图及其内部运输路径。尽可能选择允许露天工作的机械设备充分露天且不占据厂区的设置,如炉窑、反应塔等;适当地把小跨径、小柱距的分建小厂方案,整合成大跨径、大柱距的大厂方案,以增加建筑平面效益,缩短工期,减少建设费用。①

(二)民用建筑设计与工程经济性的关系

民用建筑中居住房屋占到较大比重,所以应着重讨论房屋建筑参数的经济性问题。房屋工程设计中的经济效益指标体系可以分为使用指标和费用指标二部分,我们分别从这二个角度来研究方案设计对建筑工程经济效益的作用。

---

①刘卫星,刘颖春. 工程经济学[M]. 武汉:武汉大学出版社,2019.

1.影响用地指标的因素分析

土地是一项重要的社会资源,研究怎样进行科学、合理地使用土地,以及在城市住房设计中寻求增加城市土地使用率的有效途径,对于人多地少、城市用地资源紧缺的国家而言,有着非常重要的现实意义。房屋建筑工程设计中影响用地的参数大致分为这样几方面。

第一,建筑平面造型及其对用地的影响。房屋的平面造型对节省土地有着重要的关系,平面造型越是规范,就能够增加土地效益。如图5-1所示,虽然A、B两栋住宅楼的用地面积均为304m²。A住宅的建筑面积为304m²。而B住宅的建筑面积只有256.5m²。但是,不要为了节省土地就千篇一律地将房屋设计为方块或矩形,既要重视艺术风格,也要注重节省土地,做到二者相辅相成。

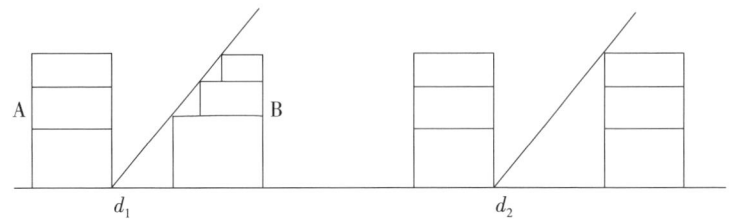

图5-1 平面/剖面形状对用地的影响

第二,剖面造型对用地的影响。若把房屋的剖面形式作成台阶形,则可以减少檐口的高度,以便于更好地适应房屋的日照条件,如图5-1所显示,图中两斜线平行,在住宅高度相同的情况下两栋住宅为获得同等日照要求,住宅间距 $d_2 > d_1$。

第三,楼房层数对土地的重要性。住房使用者的基本用地面积=(进深×层数×间距系数)×(每户一般面宽+一般山墙距离)/建筑层数。可以通过公式方法得出:增加住房层数,就可以更有效地节省基本土地,但是因为在住宅建设时需要充分考虑到楼房密度的问题,所以在住房建筑设计时,并不是层数越多就越节省基本土地。

第四,房屋层高对土地的限制。高层住宅和住宅楼之间的日照间距和住宅楼的总层高成正比,故通过减少楼层等级就可以减小了住宅楼的总高,进而降低了住宅楼间的日照间距,起到了节省土地的目的。但由于我国法律对住宅楼的楼梯等级有严格明文规定,所以住宅设计时在遵循国家有关规定的前提下,尽量降低层高是一种有效节约用地的方法。

第五,每户必须面宽对用地面积的限制。在每户面积一致的情况下,扩大开间,尽可能减少每户的广,能够合理的节省用地。但是在实际设计时应注意到开间的扩大会不利通风,甚至形成暗室,而采用小天井通风的方式又会减少居室的使用质量。

第六,房屋间距及对用地的限制。合理的房屋间距能合理的节省土地。房屋间隔的设计,除了日照要求以外,还要考虑通风、视线、绿化、交通、庭院、建筑、消防、私密性等各种情况,在房屋设计的同时要分清主次对各要素加以全面的设计,在确保房屋功能和人居环境质量的情况下,减小房屋空间,实现节省土地的目的。

第七,居住区群体布局及其对土地价值的影响。在房屋建筑方案设计时,通过采用高低配合、点条组合、前后错列以及局部东西方向布置、斜向布局或拐角单元设计等手段,能更有效地节省建筑用地,并改善居住区的生活环境条件,这也是房屋建筑方案设计中一项不能忽视的重要因素。

2.影响造价的设计参数分析

第一,平面图形对造价的作用。在平面设计中,常以每平方米建筑物的平均立面边长为衡量建筑造价的重要标准之一。因为外立面装饰以及内部设计热工的特点,外立面费用通常较内墙费用为大,从而减少外墙周长的实用效益也比较显著。由于外墙周长与平面造型密切相关,因此在建筑设计时应通过以下方法来减少外墙周长:①平面造型力求规范。规则的平面造型,如方块或矩形等,既能减少外墙周长,也便于内部装修。如设计时平面形状凹凸曲折,则增加墙体长度和转角。②合理的房子进深。由于增加房子进深,可以减小外墙周长,节约地基与墙面的工作量。③合理的房子长度。当房子的进深一定程度后,如果适当加大房子边长,则外墙周长也会减小。如果房子边长在六十米范围内,在当地的气候条件允许时应尽量实行多单元拼接,以扩大房子边长。但房子边长一定不能超过,否则因应温度缝的需要设置双墙费用反而会增加。

第二,平面系数影响建筑造价的作用。平面设计合理,才能增加建筑面积效益,扩大利用范围,并适当地减少建筑费用。在房屋设计中,平面系数是衡量使用建筑面积是不是经济合理的一种重要参考指数,其作用是以相同的建筑费用获得较大的利用范围。根据不同的建筑平面布置、以及不同的房屋年限长短,其平面系数也有所不同。多层房屋的平面系数通常为百分之五十以上。影响平面系数的因素,大致有以下这样一些方面:①建筑结构面积。房屋的建筑结构面积,与结构类型、房屋层数、建筑物的结构特点等密切相关。为了降低结构建筑面积,要使用新建筑物,必须适当采用结构系统,特别是工业化住宅的综合建筑结构。②建筑交通容量。与道路容量相应的是房屋的层数和房屋对道路的功能需求。例如在高层住宅中,电梯间的设置便增加了交通面积的比重,交通面积过小直接影响使用功能,交通面积过大则增加住宅的造价。增加建筑平面系数,重点是在符合使用条件的情况下,适当设置门厅过道、回廊、台阶和楼梯间等的通行范围。③房屋层高对建设成本的作用。通过减小层高,可减小墙柱数量和粉饰的太平工作量。据理论计算,将房屋层高每减小十公分,就可减小建设成本的百分之一点二至百分之一点五。例如,将房屋层高由三米降到二点八米时,就可减小建设成本的百分之三至百分之三点五。层高减小还可增加小区建设密度,以六层房屋为例,将层高每减小二十厘米或三十厘米时,可分别增加建设密度百分之五,这样可节省征地拆迁费用和城市市政工程费用。在气候严寒地方,减小层高就可节省冬天采暖费用,经济效益也十分可观。④房屋层数对造价定额的影响。关于房屋层数对造价定额的影响,是个比较复杂的问题。针对多层住房(2~6层)来说,增加层数可相应减少一般每户费用百分之一左右。但针对高层住宅(7层之上)而言,则因为需要设有楼梯和加压水泵等,建设费用也随之增加。由于高层住宅的利用功能和环境质量都比多层住房较差,所以,政府一般都应适当限制高层住宅的建设规模,在城市的某些区域,尤其在高档居住区节约土地疗效显着时,也可建设少量高层住宅。

(三)设计方案的经济分析与比较

投资决策中的各项技术经济决策对项目的工程造价均有重大影响,甚至影响到项目的整个寿命过程。而工艺流程的设计与确定、材料设备的选用、建设标准的确定,对工程造价的影响更大。工程设计人员应参与主要方案的讨论,各部门人员共同办公,密切合作,做好多方案技术经济的分析比较,进行事前控制,选出技术先进、经济合理的最优方案。设计方案的经济分析与比较就是根据前面章节介绍的方法,解决工程设计中的多个优选问题。

1. 多指标综合评分法

评价重大技术方案时,判别好坏的客观标准不是单一的经济标准,应有多个方面的标准,如政治、国防、社会、技术、经济、环境、生态和自然资源等。因此,必须对这些多个方面的效益进行综合评价。

综合评价的方法有两种:一是评分法,其分为调查咨询评分法(即通过调查咨询的方法对被评价的标准予以打分)和定量计算评分法(即按评价标准要求和实际达到数值的相对关系予以打分)两种。二是指数法,其是根据评价标准的实际数值同评价标准规定数值的比值进行评价。

在综合评价中,对每个标准的评价包含两个内容:一是评价技术方案对每个标准的满足程度。二是评价每个标准的相对重要程度。满足系数是反映满足程度的一个数值,这个数值有两种表示方法:一种是用评分法和指数法所得数值表示;另一种是用它们的百分数表示。重要系数是反映每个标准相对重要程度的一个数值。有两种确定重要系数的方法:一种是非强制打分法,打分者可以通过调查咨询,根据实际重要程度的相对大小任意打分;另一种是强制打分法,如04法、01法、五分制法、百分制法、13579法。技术综合评价实际上是一个多目标决策问题。多目标决策方法的实质是将不同的评价标准的满足系数和重要系数进行相加、相乘、加乘混合、相除或用最小二乘法求得综合的单目标数值(即综合评价值),然后以此值大小选择最优方案。

2.单指标评价法

单指标可以是效益性指标,也可以是费用性指标。效益性指标主要是对于其收益或者功能有差异的多方案的比较选择,对于专业工程设计方案和建筑结构方案的比选来说,尽管设计方案不同,但收益或功能没有太大的差异,在这种情况下可采用单一的费用指标,即采用最小费用法选择方案。

采用费用法比较设计方案时,根据工程项目的不同有两种方法:一种是只考察方案初期的一次费用,即造价或投资;另一种方法是考察设计方案全寿命期的费用。设计方案全寿命期的费用包括工程初期的造价(投资)、工程交付使用后的经常性开支费用(包括经常费用、日常维护修理费用、使用过程中的大修费用和局部更新费用等)以及工程使用期满后的报废拆除费用等。考虑全寿命周期费用是比较全面合理的分析方法,但对于一些设计方案,如果建成后的工程在日常使用费用上没有明显的差异,或者以后的日常使用费用难以估计,可直接用造价(投资)来比较优劣。

3.价值分析法

价值分析(即价值工程)法是一种相当成熟和行之有效的管理技术与经济分析方法,这种方法力求以最低的寿命周期费用,可靠地实现产品或作业的必要功能,借以提高其价值,其着重于功能研究的、有组织的活动。

二、施工方案的技术经济分析

工程施工的技术经济分析,是为了获得最优施工方案,从若干可行的施工工艺方案、施工组织方案中,分析、比较和评价诸方案的经济效益,从中择优选择实施的施工方案。工程施工中的经济分析,在很大程度上决定了施工组织的质量和施工任务完成的好坏,是施工任务顺利完成的前提条件。

在工程施工阶段进行技术经济评价时,主要有两项工作,即施工方案的评价和采用新结构、新材料的评价。施工方案是单位工程或建筑群施工组织设计的核心,是编制施工进度计划,绘制施工平面图的重要依据。

施工方案技术经济分析的主要内容如下。

(一)施工工艺方案的技术经济分析指标

施工工艺方案,是指分部(项)工程和工种工程的施工方案,如主体结构工程、基础工程、安装工程、装饰工程、水平运输、垂直运输、大体积混凝土浇筑、混凝土运送以及模板支撑方案等。在施工中采用新工艺、新技术问题,实际上仍属于施工工艺方案问题。

1.技术性指标

技术性指标是指用来反映方案的技术特征或适用条件的指标,可用各种技术性参数表示。如主体结构为现浇框架工程施工工艺方案时,可用现浇混凝土总量、混凝土运输高度等参数;如装配式结构工程施工工艺方案的指标,可用安装构件总量、构件最大尺寸、构件最大重量、最大安装高度等参数;如模板工程施工工艺方案的技术性指标,可用模板型号数、各型模板尺寸、模板单件重量等参数。

2.经济性指标

经济性指标主要反映完成施工任务必要的劳动消耗,由一系列实物量指标、劳动量指标所组成,主要有:①工程施工成本。其主要用施工直接费用和成本来表示,包括人工费、材料费、施工设施的成本或摊销费、防止施工公害的设施费等。②主要专用机械设备需要量。其包括设备型号、台数、使用时间、总台班数等。③施工中的主要资源需要量。这里的资源不是指构成工程实体的材料、半成品或结构件,而是指顺利进行施工所必需的资源,主要包括施工所需的材料、不同施工工艺方案引起的材料消耗增加量和能源需要量等。④主要工种工人需要量。其可用主要工种工人需用总数、需用期、月平均需用数、高峰期需用数来表示。⑤劳动消耗量。其可以用总劳动消耗量、月平均劳动消耗量、高峰期劳动消耗量来表示。

3.效果(效益)指标

效果指标主要反映采用该施工工艺方案后所能达到的效果,主要有:①工程效果指标,如施工工期、工程效率等指标。②经济效果指标,如成本降低率或降低额、材料(资源)节约额或节约率等指标。

4.其他指标

其他指标是指未包括在上述三类中的指标,如施工临时占地所采用施工方案对工程质量的保证程度、抗拒自然灾害的能力以及采用该工艺方案后对企业技术装备、素质、信誉、市场竞争力和专有技术拥有程度等方面的影响。这些指标可以是定量的,也可以是定性的。

(二)施工组织方案的技术经济评价指标

施工组织方案是指单位工程以及包括若干个工程的建筑群体的施工组织方法,如流水施工、平行流水立体交叉作业等组织方法。施工组织方案包括施工组织总设计、单位工程施工组织设计、分部工程施工组织设计和施工装备的选择等。施工组织方案的评价指标如下。

第一,技术性指标,主要有:反映工程特征的指标,如建筑面积、主要分部(分项)工程量等;反映施工方案特征的指标,如施工方案有关的指标说明等。

第二,经济性指标,主要有:工程施工成本、主要专用机械设备需要量、主要材料资源消耗量、劳动消耗量、反映施工均衡性的指标。

第三,效果指标,主要有:①工程总工期。②工程施工成本节约。③施工机械效率,可用两个指标评价:一是主要大型机械单位工程(单位面积、长度或体积等)耗用台班数。二是施工机械利用率,即主要机械在施工现场的工作总台班数与在现场的日历天数的比值。④劳动效率(劳动生产率),可用三个指标评价:一是单位工程量(单位面积、长度或体积等)用工数(如总工日数建筑面积)。二是分工种的每工产量(m、m^2、m^3或t/工日)。三是生产工人的日产值(元/工日);⑤施工均衡性,可用下列指标评价(系数越大越不均衡):主要工种工程施工不均衡性系数=高峰月工程量/平均月工程量;主要材料资源消耗不均衡性系数=高峰月耗用量/平均月耗用量;劳动量消耗不均衡性系数=高峰月劳动消耗量/平均月劳动消耗量。

第四,其他指标,如施工临时占地等。

第六章 建筑工程的技术经济分析

第一节 建筑工程项目开发经济分析概述

一、建筑工程项目开发经济理论

(一)建筑工程项目开发经济评价理论

建筑工程项目都需要一个经济评价指标,这样才能保证决策的科学性和正确性。通过严格执行指标,来减少或者避免投资风险最大限度地提供经济效益。因此在项目开始之后深入的对项目方案、投资估算、融资方案等进行调查研究是很有必要的,从而选择科学正确的经济评价指标。通常情况下经济评价指标分为价值型指标、时间型指标和效率型指标。受时间因素的影响,可分为静态评价指标和动态评价指标。静态评价指标包括投资收益率、静态投资回收期和偿债能力。动态评价指标包括内部收益率、净现值、净现值绿、净年值、动态投资回收期等。

(二)价值工程理论

价值工程(Value Engineering,VE)诞生于上世纪40年代的美国通用电气公司,由工程师劳伦斯·迈尔斯所提出创立。作为一种工程技术理论,它与经济紧密结合,属于现代化管理技术中的一种,它以提高研究对象(诸如工程工艺、产品服务等等)的基本价值作为目标,以功能系统分析作为重点核心,其中更融入了大量创造性思维,主要追求对集体智力资源的有效开发。

价值工程中的基本工作原理非常丰富,其中就包括了行为与代价原理、价值准则性原理以及成本变动性原理。这其中成本变动性原理表现最为特殊和重要,它在影响费用三要素方面具有突出作用。在形成与使用功能载体的总费用方面,主要是基于价值工程的成本变动性原理进行全寿命周期费用分析,优化载体功能,主要对载体经济环境、形成载体技术手段、经济环境三大要素进行分析。在该过程中,也希望基于功能需求变动分析价值工程活动内容,对产品功能进行彻底分析,做好一切准备工作。价值工程的数学表达算式应该为:$V=F/C$ 在对产品价值进行分析过程中需要首先了解其成本与功能表现,然后再思考能够提高价值的几种主要途径。比如说在保证成本降低的同时还能提高产品功能;在保证功能不变的条件下有效压缩产品生产成本;在成本保持不变的情况下提高产品功能;在产品成本稍有增幅的条件下确保产品功能大幅度提升;在适当调节产品功能少有降低的基础之上有效节约成本。上述几点都是价值工程的真意所在,其在满足建筑基本应用功能的基础之上,思考成本节约相关问题,对产品价值与技术含量的提升是都具有较大价值意义的。

为确定最优解决方案,应针对新构想的解决方案进行全面的方案比较,包括经济技术及社会效果评价等。方案评价包括一般评价和详细评价两个阶段,评价内容和步骤包括综合评价、社会评价经济评价技术评价。对评价方案进行一般评价或详细评价,具体的评价过程如图6-1所示通常先进行技术评价经济评价和社会评价然后进行综合评价。

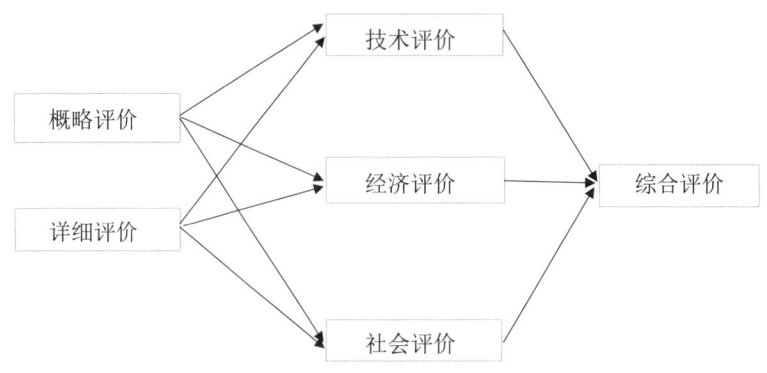

图6-1 方案比选和评价图

二、建筑工程项目开发经济分析在施工项目中的使用

在施工项目中,生产的现金流属于施工的时候总资金的进行流动的

情况,其中有成本预算,施工过程费,利润等,这些数据对施工项目经济技术分析的准确性有一定的影响。使用精准的经济技术的分析,建设企业可以对项目过程中的经济投入产出,和投资决策做出合理的判断以及评估。工程建设项目资金的投入比重大,并且进行回收的时间相对要长。采用科学的经济技术方式就能够对项目的收入进行预测,并且提升项目的资金的使用效率。[1]

(一)工程建筑项目中技术经济分析的主要特点

工程建筑项目技术经济分析的特征是对建筑材料的应用以及建筑立面设计,结构形式加以使用,建筑使用的功能等方面的限制与影响。所以,技术经济的分析应该有机地将施工的时候相关分项的技术指标,以及经济的指标进行整体的考虑和分析,经济技术分析可以使施工的时候可以增收节支,获得比较好的经济收入,极大程度地防止施工生产时出现浪费。

1.工程建筑项目中技术经济分析的系统性

如果建材市场发展不稳定,那么建筑工程中建材的市价的管控也会存在不稳定性。再加上建材类别的多种多样以及总量上的繁多,需要建筑企业在工程发展中,借助合理的技术措施作出现实性评估。技术工程开发和修建主要目的是快速达成经济发展目标,应当先行明确业主在建筑工程性能方面的要求,然后在建筑工程规划以及修建环节上,以工程经济技术分析做出现实性的评估,确保建筑工程发展中的方案可行性分析、水电结构规划以及工程修建规划等工作有序开展。

2.工程建筑项目中技术经济分析的择优性

建筑工程修建和管理工作的具体进行时,融入技术经济分析主要就是为了,在若干个操作计划、技术措施中筛选出最具经济性、可行性的计划,但是,建筑施工实体空间的不确定性,建材、劳务成本也会由于市场发展不稳定而出现不确定性,导致工程技术经济分析难度提高。所以,施工单位管理人员就应当进一步加大对工程技术经济性分析的注重程

---

[1]王喆.提高建筑工程项目的经济效益策略分析[J].企业文化(中旬刊),2014(03):204.

度,并作出循序渐进的衡量与剖析,从而在筛选出最具可行性工程技术计划的基础上,也使工程理想中经济发展目标达成

3.工程建筑项目中技术经济分析的综合性

对于建筑工程管理来说,技术经济分析在其中的融入具有系统性,从技术的角度上来说,应当在整体修建、主体架构、水暖、修建技术等专业理论上作出考虑,以使工程修建计划更加趋向于完善。从经济管理的角度上来说,还应当在建筑工作总体管理、财会管理、等专业常识上作出考虑。这还应当由施工单位,有效利用工程各工作组的优势条件,强化工程技术经济分析的现实性和精准性。

(二)工程项目进行经济技术分析的主要作用

1.建设项目前期市场调研重点是明确建筑工程修建的可行性,借助市场调研和现实分析作出考虑,市场调研方法包括以下几点:问卷和网上调查等,在实际的市场调研环节,应当结合建筑工程的类型来规划调配相关事宜。预测确定着重强调对新技术设备等发展趋势作出现实客观的评估。在相关工作开展时,需要借助阶段性评估的策略。也就是说,假若是需要进行短期评估,就需要实行数据统计法;假若是中长期评估则应当采取专业评判法,因为相关工作开展过程往往都会伴随一点不确定性。技术经济分析着重强调的是有效防控技术作业上的影响因素,需要在选址、技术设备等环节上作出探讨,以此判定技术的可行性。

经济预测着重强调的是妥善处理工程财务相关工作的可行性问题,这也是判定工程投资必要性的前提条件,属于工程修建可行性探讨中的要点。所涉及的财务,需要结合具体数据进行考虑,精准判定出工程修建的成本及其经济发展目标的达成情况,精准判别工程经济条件及其经济实力,主要判别项目会涉及投资估算、资金筹措、财务评价、费用效益分析、项目风险与不确定分析等

2.在工程修建前的勘察设计环节,主要会涉及工程修建项目的规划以及图纸的绘制。同时还应当强调对技术经济性的探讨,确保工程设计计划的现实性和可行性,确保对工程修建的稳定发展创造有利条件。需要结合工程实地区域的地质条件、水文条件、各类型管线、工程造价、工

程类型、主体架构等信息作出规划,并且还应当强调设计规划的专业性、合理性,并对制定的各个设计计划作出经济性比对。从客观角度,衡量技术前瞻性与经济性之间的关联,从而保证技术前瞻性与技术经济性之间存在协同性,这就需要借助评价体系的构建,将的评价指标项目作出整体性或单一性的评价。

3.从通常意义建筑工程的角度来说,工程修建过程都会涉及施工单位、工程承包单位,也会包括多个工作组,而且技术经济分析的项目和措施也不尽相同。施工单位在此期间应当注重招标策划、招标活动开展、资金配置清单确立、工程修建监管、资金使用过程监督、工程款结算审核等。在此期间,施工单位应当考虑到合同计价模式,以及合同类型的设置,具体模式会涉及总计、单计和酬劳模式,应当对工程相关要求进行设置,其中合同类型的确立也应结合相关要求。另一方面是确立资金配置清单,可以在不动资金项目结构的角度作出考虑,预测工程总体造价、附属设施构建的成本、风险防控经费等,完善资金配置清单,这种精细性的清单确立,能够精准预测工程修建的总体成本,需要将资金配置的频次以及总量作出精细掌控,摒弃冗余支出项目。

4.在资金配置清单确立时,也必须要结合工程修建流程、工程修建进展等信息数据,绘制平面的资金配置报表和预测曲线图。并且还应当考虑到,对施工成本投入过程的实时性监督,通常都需要借助表格建立和曲线绘制等方法总结成本使用存在出入的直接因素,然后在有效防控这些因素的基础上,最小化或消除成本使用上的出入。施工单位在此期间应当进一步注重对经济技术分析的应用,所有技术措施的执行都应当具备现实可行调度和规划,具体需要在资金配置项目、经济效益环节上作出现实性分析,也应制定资金配置清单,在确保工程修建快捷性和成效性达标的基础上,为理想中经济发展目标的达成创造有利条件。

5.交付使用对于已竣工的工程来说,需要对其进行全面的评价,具体评价需要包括意图、使用、各方面效益、性能等作出现实性总结和预测,并与工程修建决策中的目标、修建、效益以及性能等数据信息作出核对,明确工程目标以及要求的执行程度,工程规划的可用性,工程各方面效益目标的达成程度,借助现实、客观地评价,总结其中直接因素和经验。并且借助实时可行信息的输出,为后续工程修建决策、管理决策的建立提供现实依据,并且也为被评工程修建使用中可能存在的影响因素作出合理防控,以此使工程各方面效益明显增加。

三、建筑工程项目中的经济技术分析

在建筑行业不断发展的过程中,其展现出的经济价值也愈发突出。在此过程中,工业建筑的价值性与建筑本身所具备的经济价值形成了更加深刻的联系,进而通过成本和收

益核算的过程就可以得出建筑的经济价值。在实际开展工程建设的过程中,建筑材料以及工艺技术的投入与应用可以看作是建筑工程整体的成本,而能源消耗的降低则可以将其规

划为工业建筑的收益,并在两方面数据进行对比的过程中就可以最终得出工业建筑的经济价值。除了经济价值以外,在衡量建筑价值的时候还需要关注其环境价值与社会价值,其中对于环境价值的评价需要参考工业建筑对周围环境的影响,如果造成的环境的污染与破坏,其中的环境价值就可以转化成为经济价值,由此可见环境价值可以从侧面反映出工业建筑的经济性。而在实际进行计算的过程中,则可以根据施工过程中的电能消耗以及污染物排放等数据得出最终环境价值的相关数据。而对于社会价值来说,需要结合工业建筑在社会中的发展进程进行分析,充分明确建筑整体对于社会的融入性,确保工业建筑的经济性评价可以更好地反映出社会整体需求,进而发挥出经济性评价应有的作用。就我国现阶段的发展趋势来看,在开展工业建筑经济性评价的时候往往会面临着经济性评价指标不完善、敏感性因素不确定以及计算因素不全面等问题,这也会在一定程度上对经济性分析成影响。与此同时,对工业建筑经济性展开分析的时候还需要对净现值、内部收益率、投资收益等内容加以衡量,导致工程项目经济性评价需要考虑到的内容十分复杂,涉及到的指标也很多,大大提升了统一规范指标的难度,因此相关人员可以考虑从材料使用、技术应用以及前期经济效果入手,提升经济性

评价的便捷性。值得注意的是,工程建设期间所涉及到的产品质量、材料价格以及贷款利率等不确定因素均会对工业建筑的经济性评价产生影响,其中的数据组合与计算方法的选择也会随着实际情况的改变而改变,如果缺少合理控制就会显著提升出现风险的概率,因此应加强对多方面因素的考量,有效提升整体项目过程的安全性与稳定性。现阶段,我国建筑行业对于建筑材料的使用量不断提升,使得建筑工程项目资金三分之二以上都需要投入到材料的购买中,同时对于不可再生能源的消耗情况也比较严重。相较于其他的发达国家,我国建筑行业的消耗控制技术仍然有较大的提升空间,而在对工业建筑经济性展开评价的过程中有助于逐步缩减原材料的使用量,更加积极地投入到生态环境建设当中,为减少建筑工程中的环境污染奠定基础。近年来,我国在推动工业建筑项目发展中投入了更多的资源,但在建筑经济性评价标准方面仍然存在着一定的问题,但随着政府宏观把控的逐步落实,有助于更好地实现资源优化配置和利用,为工业建筑项目经济性评价的可持续发展奠定坚实基础。而在未来发展的过程中,相关部门将聚焦于工业建筑的可持续性发展当中,同时有效针对建筑行业发展的实际情况落实与之相适应的工业建筑经济性评价体系,进而通过一个较为完善的标准完成对项目差异性的分析,进一步加快我国工业建筑的可持续发展。

(一)工程建筑项目设计阶段的经济技术分析

在工程建筑项目的设计阶段经济技术分析的时候,工程建筑项目一定要将盈利作为主要的目标,并且应该对施工项目的安全性,经济性加以保障。在进行设计的时候,要对以上两个目标加以实现,工程建筑项目经济技术分析应该对三个影响因素加以考虑:第一,在进行设计的时候,要防止建筑外形以及室内设计得太过奢华或者只关注效果,而对工程建筑项目的经济性以及安全性有所忽视;第二,结构的设计人员在进行设计的时候,只是对其考安全性加以考虑,而忽视了设计的积极性;第三,设计人员和施工人员并未进行合理的沟通,而使得在施工上因为不能实现,使得工期出现延误,产生非常严重的经济上的损失。

(二)工程建筑项目施工阶段的经济技术分析

施工阶段首先需要对施工的方案加以考虑,不但应具备施工的可行性,还应该节省施工造价的费用;并且,施工阶段的经济技术分析也会对施工过程有序以及合理性加以保障,使得施工能够保质保量地完成。施工阶段的经济技术分析主要对三个方面进行控制:第一,要对工期按签约合同按时完成加以保障,施工的工期受到施工技术的影响很大,所以在进行施工的时候,需要使用工程经济技术手段全过程进行分析,尽量减低工期;第二,属于预算的成本,其成本受到建筑市场的影响比较大,并且在施工的方案上也存在差异、现场施工管理水平的不同,施工成本也会产生不同,在施工过程上需要使用工程经济技术手段分析建设生产成本的方式,尽可能地节省施工的成本。

第二节 建筑工程项目方案设计与施工技术的经济分析

一、建筑工程项目方案设计的经济分析

工程经济学中涉及内容较广,主要是经济和工程的有机融合,在工程项目基础上合理开发和利用资源,有助于提升工程项目的经济效益,对于后续工程建设具有重要促进作用。从工程经济学角度进行分析,贯穿于工程建设全过程,制定合理的方案。就工程经济学的分析方法来看,主要包括以下几种:定量分析和定性分析结合、理论联系实践、平衡分析和系统分析、静态评价与动态评价等几种。工程经济学对现有工程项目进行经济分析,首要一点是技术可行性,并对客观环境进行深层次分析;对可行性方案进行经济分析,综合对比分析确定最佳方案;从工程经济学角度来探究未来的工程建设和发展。

(一)建筑设计方案的技术经济指标体系

在对各个设计方案进行分析评价时,需要设置一系列完整的评价指标体系,这些指标按不同标准,可进行不同的分类:①按指标范围,分为

综合指标与局部指标。综合指标是概括整个设计方案的经济性指标,如建筑总用地范围、总建筑面积、工程总投资等;局部指标则只表明某个方面的经济性指标。②按指标表现形态,分为实物指标和货币指标实物指标是指以实物形态反映该方案的经济效果的指标。实物指标能直接地、较为准确地反映经济效益,但由于实物形态千差万别,不同质的实物在数量上难以相互比较,故受到一定的限制。货币指标又称为价值指标,它可以综合反映出工程项目在建设和使用过程中所必需的社会必要劳动消耗,在数量上有可比性。③按指标的应用范围,可分成建设指标和使用指标。建设指标是应用在工程建设阶段,表示工程建造过程中的一次性消耗指标,如工程造价、材料用量、人工耗用量等。使用指标是在工程交付使用后,直至其经济寿命终了时的全部使用过程中的经济性消耗指标,如维护维修费、能源消耗费用等。④按指标的表述形式,分为定量指标和定性指标建筑设计经济评价指标是以定量指标为主,如造价、材料耗用量等,但定性指标也是不可缺少的,如对建筑产品美学功能的评价、美化环境功能的评价和对精神文明建设的影响等。

(二)居住区规划设计的技术经济评价指标

居住小区设计方案的技术经济分析,其核心问题是提高土地的利用率,所以经常用几项密度指标来衡量,主要的技术经济指标如下。

第一,用地面积平衡指标。用地面积平衡指标规定了居住区内居住房屋、公共建筑道路、绿化、工程管网等占地面积的比例,它是提高居住区建设用地利用率和经济效果的重要指标。

第二,居住建筑面积密度。居住建筑面积密度是指居住区内居住建筑总面积与居住区内居住建筑用地面积之比,其计算公式为:居住区内居住建筑总面积/居住区内居住建筑用地面积 = 居住建筑面积密度×100%。

第三,居住面积密度。居住面积密度是指居住建筑中居住总面积与居住区内居住建筑占地面积之比,其计算公式为:居住面积密度 = 居住总面积/居住建筑占地面积×100%。

第四,建筑毛密度。建筑毛密度指居住小区内全部居住和公共建筑占地面积,与居住区总占地面积之比,其计算公式为:建筑毛密度=居住区内全部居住和公用建筑占地面积/居住区总占地面积×100%。

第五,居住建筑净密度。居住建筑净密度是指居住建筑基底面积与居住建筑用地面积之比,其计算公式为:居住建筑净密度=居住建筑基底面积/居住建筑用地面积×100%。

第六,居住人口毛密度。居住人口毛密度是指在居住区总用地面积内容纳的居住人数,其计算公式为:居住人口毛密度=居住总人数/居住区总用地面积×100%。

第七,居住人口净密度。居住人口净密度是指居住建筑总用地面积内容纳的居住人数,其计算公式为:居住人口净密度=居住总人数/居住建筑总用地面积×100%。

除以上指标外,还可计算居住区平均住宅层数、住宅间距、每人居住面积等经济技术指标。居住建筑净密度是衡量用地经济性,和保证居住区必要的卫生条件的主要经济技术指标。它与建筑层数、房屋间距、层高、房屋排列方式有关。为节省建设用地,降低成本,应在满足采光、通风、防火、交通安全的基本需要的前提下,适当提高建筑密度。居住人口密度是一个反映建筑布置、平面设计与用地之间关系的重要指标。影响居住人口密度的主要因素是房屋的层数。增加层数则其值增大,对土地、道路、管线费用的节约有利。

(三)住宅建筑的技术经济评价指标体系

评价指标体系包括建筑功能效果指标和社会劳动消耗指标两部分。

住宅建筑功能是指住宅满足居住者对适用、安全、卫生等方面基本要求的程度的总和。社会劳动消耗是指为取得建筑功能而付出的全部社会劳动消耗量。

评价指标由一级指标和二级指标构成,一级指标为控制指标,二级指标为表述指标。按国家建设部《住宅建筑技术经济评价标准》(JGJ47—88)规定:一级指标规定的评价项目各地均应采用;二级指标规定的评价项目,各地可根据本地区的具体情况酌情增减,但也必须做统一规定。

平面空间综合效果是一项衡量住宅平面空间设计效果的综合指标,

它反映每套住宅的房间配置是否合理,交通联系是否方便,分区是否明确,布置是否紧凑等。该指标带有明显的综合性,体现了住宅在平面空间布置方面的综合效果。

使用面积系数反映居住面积和辅助面积(厨房、厕所、走道、楼梯等)的有效利用率,其计算公式为:K=使用面积/建筑面积×100%。

每户面宽指标是指建筑物主要朝向面长度与标准层户数之比,运用这项指标可控制每户面宽,有利于节约建设用地,其计算公式为:平均每户面宽=筑物主要朝向面长度/标准层户数。

除此以外,还有一部分不能直接通过计算数值定量反映事物特征的指标,这就是定性指标,它以平面尺度适宜,设备及其他布置合理为目标。如家具布置以起居室、卧室的平面尺度适宜,门窗位置(采暖地区尚需考虑散热器位置)适当,墙面完整而利于灵活布置家具的程度确定分值,以高分值为优。此外,还有户型和户室比,层高和层数,每户进深,自重等指标来辅助表示住宅的功能。

(四)公共建筑设计方案的技术经济评价指标

公共建筑是指商业楼体育馆、影剧院、旅馆、医院、科研楼、教学楼、办公楼、图书馆等建筑。由于它们的使用功能各不相同,因此,除了在设计方案中的具有共性的技术经济指标外,还有与各自功能有关的特殊指标。[1]

1.具有共性的技术经济指标

公共建筑虽然类型繁多,但技术经济指标有一定的共性,常用的指标有:①用地面积。②建筑面积。③使用面积。④建筑体积。⑤使用年限。⑥平均每人建筑面积。⑦平均每人使用面积。⑧建筑密度(建筑基底面积与用地面积之比)。

体育馆、影剧院、餐馆等按座位计算建筑面积或使用面积,即 m^2/座;旅馆、医院等按床位计算单位建筑面积和单位使用面积,即 m^2/床;教学楼、办公楼则按人数计算单位建筑面积和单位使用面积,即 m^2/人。此外还有单位面积造价、材耗等指标。

---

[1]徐俊.航运大厦项目基坑工程设计分析与施工技术研究[D].南京:东南大学,2013.

2.具有特性的技术经济指标

公共建筑的使用功能差别较大,常用的技术经济指标不能完善地分析各方面的经济效果,所以还要有一系列能反映其建筑物功能的特性指标。比如,旅馆建筑的特性技术经济指标有:①客房间数。②总床位数。③每床的建筑面积。④每床的客房面积。⑤每床的交通面积。⑥每床的公用面积。⑦每床的辅助面积。⑧每床的餐厅面积。⑨每床的厨房面积。⑩每床的设备用房面积等。

(五)工业建筑设计方案技术经济分析

1.工业建筑设计的主要评价指标

工业建筑设计方案在具体评价中,主要采用下列指标:①建筑面积。②建筑系数,它反映土地的使用率,是综合说明建筑设计的经济价值的指标,一般用百分数形式表达:建筑系数=(建筑物+构筑物+堆置场地)的占地面积/厂区总占地面积×100%。③厂区占地面积,一般指各生产车间、各种仓库、生产动力的建筑物、堆场以及供运输成品和材料的道路、铁路和美化厂区的绿化用地等。④总产值,是以货币表现的工业企业生产的产品价值总量,它是各种产品的产量与价格相乘的总和,其单位为:元/年。⑤总产量,工业产品以实物单位表示的产品量(实物量)。即以适合产品的特征、性能,并能体现其使用价值的计量单位所表示的产量,其单位为:产品产量/年。⑥全厂总投资,指全厂基本建设项目和费用的总概算。⑦利润。⑧产品成本,为生产产品而支出的各种费用,是综合反映经济效果的一个重要指标。计算公式为:单位产品成本=资金利润率×固定资金/年产量×100%。

另外还有主要原材料消耗、全厂用水、用电、用气量、全年货物运输量、全厂设备数量等指标。评价土建设计方案的优劣,应将建筑方面的适用性指标和经济指标综合起来考虑。适用性指标主要指占地面积、建筑面积使用面积建筑体积生产车间使用面积及其在总建筑面积中所占比例等。土建设计方案的经济指标可参照民用建筑的经济指标确定。

2.工业建筑总平面设计方案的评价指标

工业建筑总平面设计方案的经济合理性,对于整个设计方案是否合理有极大的影响,正确合理的总平面设计,可以大大减少建筑工程量,节省建设投资,加快建设速度,并为企业创造良好的生产、经营环境。评价总平面设计的技术经济指标有以下几种。

第一,建筑密度,指工业场地内部建筑物、构筑物的占地面积与工业场地总占地面积之比。计算公式如式6-1。

$$建筑密度 = \frac{F_2 + F_3}{F_1} \times 100\% \qquad (式6-1)$$

式6-1中:

F_1——工业厂区总占地面积;

F_2——建筑物及构筑物占地面积;

F_3——露天仓库、堆场操作场地面积。

建筑密度是工业建筑总平面设计中比较重要的技术经济指标,它可以反映总平面设计中,用地是否紧凑合理。建筑密度高,表明可节省土地和土石方工程量,又可以缩短管线长度,从而降低建厂费用和使用费。

第二,厂区利用系数,指工业场地内建筑物构筑物、露天场地、铁路、道路、广场占地面积与工业场地总占地面积之比。计算公式如式6-2。

$$厂区利用系数 = \frac{F_2 + F_3 + F_4 + F_5}{F1} \times 100\% \qquad (式6-2)$$

式6-2中:

F_4——指铁路、道路、人行道占地面积;

F_5——指地下地上工程管线占地面积。

厂区利用系数比建筑密度更能全面反映厂区用地的情况。

第三,绿化系数,指厂区内绿化面积与厂区占地面积之比。计算公式如式6-3。

$$绿化系数 = \frac{绿化面积}{厂区占地面积} \times 100\% \qquad (式6-3)$$

第四,实物工程量是反映总平面及运输部分的建设实物量,包括场地平整土方工程量、铁路长度、道路和广场铺砌面积排水工程量、围墙长度及绿化面积等。

第五,生产经营费用,它反映企业生产经营期间,总平面部分的经常费用,包括每年的铁路及道路运输经营费,每吨货物运费,铁路和道路及其构筑物的维修养护费用以及厂区绿化费用。

(六)建筑工程技术经济评价方法

国内外关于建筑工程的技术经济评价的方法很多,主要有多指标法、指标系数评价法、模糊数学综合评价法总换算费用评价法、"全寿命"费用分析法等。以下仅介绍几种常用方法。

第一,多指标评价法。多指标评价法是使用一些适用的指标体系,将方案的指标值列出,然后逐一进行对比分析,根据指标的高低分判断其优劣。

在进行评价时,首先需要将对比指标分成主要指标和辅助指标。主要指标是决定方案取舍的主要依据,如果设计方案大部分指标的经济效果比较显著,则整个方案基本上就可以得到肯定。该方法的优点是指标全面分析确切,缺点是不便于对某一功能进行评价,也不便于定量的综合分析。由于是多指标,就可能出现某一方案的有些指标较优,另一些指标稍差,而另一方案则正好相反,这样就使分析工作比较复杂。

第二,单指标评价法。单指标评价法主要运用评分法,评分法就是根据各指标的重要程度给以一定的权数,然后按方案满足于各项指标的程度评分,最后以总分的高低来判别方案的优劣,其计算公式如式6-4。

$$R_i = \sum_{j=1}^{n} C_j W_j \qquad (式6-4)$$

式6-4中:

C_j——各方案中各指标的分值($j = 1, 2, \cdots, n$);

W_j——各指标的权重数值($j = 1, 2, \cdots, n$)。

评分法的优点在于避免了多指标评价法可能发生相互矛盾的现象,并且由于是定量性的分析,故可以利用计算机求解。但缺点是权重值确定和评分难免存在主观臆断成分,同时,分值是相对的,因而就不能直接判断各方案的各项功能。

第三,"全寿命"费用分析法。"全寿命"费用分析法是当前美国及西方国家经常应用的方法。建筑的"全寿命"费用是指建筑物在规划、设计、施工及使用期内发生的全部费用,主要包括一次投资和经常费用。

具体计算公式如式6-5。

$$L = N + R \qquad (式6-5)$$

式6-5中：

L——全寿命费用；

N——一次投资费用，包括购地、顾问咨询、勘察设计、施工、筹建等一次投资，同时包括借贷、短期利息等筹资费用；

R——经常发生费用，包括在建筑物使用期内（寿命期内）的操作管理费用，设施和设备的修理费用，更换改善费用，功能使用费用以及残值费用。

一次投资费用和经常发生费用都要按规定的建筑物寿命年限、利息、年偿债基金率等折算为"现值"（即费用乘以相应的贴现系数，这里"贴现率"是方案抉择的关键，在西方国家，它取决于借贷利率和投资还本率）。

"全寿命"费用分析法运用"总现值法"计算出建筑物的全寿命费用总现值，最后选择总费用最小者为经济方案。"全寿命"费用分析的基本步骤包括：①明确目标。②提出方案。③规定建筑物寿命年限。④选择必须考虑的费用。⑤确定评价方法。⑥进行分析，提出结论意见。

（七）项目工程投标过程中的经济分析

社会经济的迅猛增长，工程规模不断扩大，对于新时期的工程项目提出了新的要求。工程经济学作为一门独立学科，伴随着内容的不断完善和创新，具有较强的实践性，与其他学科内容逐渐趋于融合。

在建筑工程项目投标工作中，原有的评估方法已经无法满足工程项目的设计需求，致使其中的问题难以得到有效解决，在一定程度上影响到工程经济效益。故此，从工程经济角度对建筑工程项目投标进行分析，有助于为后续工作提供可靠依据，推动建筑工程建设和发展。

基于工程经济角度的建筑工程项目投标分析本工程基坑支护采用冲孔灌注桩加预应力锚索、三轴水泥搅拌桩止水帷幕结构，基坑周长约430m；桩基采用旋挖孔灌注桩，桩径D为800mm—1400mm，桩长有效长度暂定30米。根据招标文件，该工程总工期60个日历天。

1. 动态性分析工程项目报价

(1)工期延误原因。对工程项目报价进行动态性分析,首先需要分析工期延误的原因。工期延误涉及方面较广,包括气候、天气和灾难等自然因素,业主或承包方不正当施工等人为因素导致的工期延误。承包商处理不当导致的工期延误,需要对这一结果负责,在一定程度上会加剧成本。

(2)物价上涨比例。对工程报价合理性进行综合判断和分析,对工程物资价格升降幅度进行调查,确定承包商利益最大化的条件,从而了解受到这些因素影响下的利润情况。

(3)可变性因素。由于建筑行业是国民经济持续增长的支柱型产业之一,国家对其重视程度较高,相配套的政策法规不断完善和变化,贷款利率也在逐步调整,对于这些因素的变化需要进行阶段性分析,有助于获取更加明了的报价。

2. 静态性分析工程项目报价

(1)分析报价结构合理性。对工程项目报价的静态性分析,应该从宏观角度着手,探究报价结构的合理性。对于工程中的临从工程经济角度分析建筑工程项目投标来工程经济效益,加强建筑工程项目有投标是必然选择。本文从工程经济角度对工程项目投标工作进行分析,客观阐述工作要点,寻求有效对策,提升竞标成功率。为确定合理的项目报价提供可靠依据。通过对报价结构不合理性的原因分析,将不合理因素剔除,深层次挖掘内在逻辑关系,以求制定合理的工程项目报价。

(2)分析工期和报价。对工程项目性质性质进行综合分析,制定合理的加护,确定费用支出,合理的预算来计算年产值,从承包商角度分析费用变化情况,为后续的工程施工活动有序开展。

(3)不合理报价的微观分析。项目报价到工程项目实施过程中,应该从整体角度进行分析,贯穿于各个环节,将其中不合理因素剔除。同时,对工程项目成本可行性分析,确定合理的报价。

(4)产品价格和用料量。工程项目实施中,应该对工程需求量和价格进行仔细计算,将原有需求量不大和材料价格高的材料综合分析,剔除不合理的因素,提升工程项目报价合理性,促使工程利益最大化。

3. 分析报价风险

对于工程项目的报价风险分析,需要加强工程项目中不可控因素进行有效控制,综合考量社会、经济、市场和政治等因素,对于工程项目不可预见的事项进行分析,探究工程项目利润带来的影响程度。在对风险分析基础上,寻求针对性的措施予以规避和解决。从工程经济学角度来分析工程项目报价很有必要,可以多角度来探究工程项目利润的因素,以此来带来更大的经济效益,推动工程建设和发展。

4. 分析报价的盈亏情况

从工程经济学角度来分析项目报价盈亏情况,需要将项最初预算报价中不合理的内容提出,获得基础报价;然后对工程项目全面分析,计算工程项目报价的盈亏情况,提出可靠的报价,为后续竞标提供支持。

(1)分析报价盈余情况。在对项目报价盈余情况合理分析中,需要把握各个环节,对各个环节成本开支进行严格的预算分析,获得最低数额基础上得出低标价。通过对数据的整合与分析,计算出盈余总额。

(2)分析报价亏损情况。工程项目提出报价前,应该对可能出现的情况进行综合分析,深层次剖析内外原因,寻求合理的解决措施,制订方案,以求尽可能降低额外成本开支,计算出正确的亏损数额,以便于确定最高标价。

5. 投标阶段的报价决策

承包商在招标中,通过对工程项目的综合分析和评估,了解项目招标目的,结合自身的实际情况,选择科学的方法确定最佳的工程报价参与到工程竞标中,从而获得理想中的目标。

(1)分析投标报价。对于投标报价的分析,可以看作是一种对投标人的综合实力的全方面检验比拼,而投标者之间的明争暗斗,主要是以自身利益最大化为目标,在公开招标中坚持透明化与公开化原则,所以只有到招标时才知道其他招标单位的报价。故此,需要对工程项目进行深层次剖析和评估,确定最佳的报价,以求提升中标几率,为企业带来更大的经济效益。

(2)动态调整投标的低报价。在工程量计算清单中,量价分离是一种常见的方式,可以有效明确其中所涉及到的权利和责任,了解项目中的风险系数,将其最大程度上的分配给投标方和招标方。在此基础上,投标方采用不平衡报价法,可以保证总报价不改变的前提下,获得最大化的收益。确定总报价后,结合文件内容和地域性特点,有针对性分析项目报价的盈亏情况,估算工程项目建设成本,从而获取充足的工程款项,尽可能避免资金不足影响到资金的正常运转现象出现。结合工程量清单进行预算,在这个过程中有效控制其中的不确定性因素,提升工程项目的利润。

(3)降低工程项目成本。降低工程项目的建设成本,应该对工程各个环节材料的消耗情况进行预计和分析,制定合理的控制方案,贯穿于工程各个环节,确保工程可以在规定期限内完成,降低工程项目成本的同时,提升报价的竞争力。如果工程施工中需要提升生产效率,应该合理配置人力资源,尽可能降低人力资源消耗,制订合理的管理方案,在满足工程建设要求的同时,避免资源浪费。

二、施工技术的经济分析

(一)施工技术经济分析的内容

第一,关于施工机械的技术方案分析。为了提高机械化水平和经济效益,应根据全部机械(机具)的数量和质量的增长,采用高效能的机器和机械,提高机器的生产量和机械利用率,降低台班费,加强机械的综合配套。

第二,关于采用新材料、新结构的技术方案分析。采用新的高效能材料、制品和结构,逐步提高装配化水平和现浇能力。

第三,关于采用新工艺和先进施工组织的技术方案分析。改进施工工艺组织和管理,采用先进工艺和先进的施工组织方法,提高劳动生产率和产品质量。为此,应改善施工作业管理和整顿好物资技术供应,运用网络计划和电子计算机进行施工管理、调度和通信联系,采用升板法、滑模、工具式模板现浇等新的施工方法加快施工进度,改进施工管理机构,实行施工企业的联合化和专业化,精简行政机构,减少非生产职工人数。

第四,关于科学劳动组织管理方面的技术方案分析。改进劳动组织和工资,实行科学劳动管理,也是为了提高劳动生产率和产量。为此,应采用先进的劳工组织方法,在施工中充分挖掘工作时间的潜力,采用和推广经济核算,改进劳动工资制度。

(二)施工技术经济分析的指标

1.施工工艺方案方面

施工工艺方案是指分部(分项)工程和各工种的施工方案,如主体结构工程、基础工程、垂直运输、构件安装、大体积混凝土浇筑、混凝土运送以及模板支撑方案等。内容主要包括施工技术方法和相应的施工机械设备的选择等,施工工艺方案评价指标有以下几种。

第一,技术性指标。技术性指标主要反映方案的技术特征或适用条件,技术性指标可用各种技术性参数表示,例如现浇混凝土工程总量、安装构件总量、构件最大尺寸、构件最大质量、最大安装高度、模板型号数、各种型号楼板的尺寸、模板单位经济性指标等。

第二,经济性指标。经济性指标主要反映为完成工程任务所需要的各种消耗。主要有:①工程施工成本。包括人工费、材料费、机械设备使用费、施工设施的成本或摊销费等。②主要专用机械设备需要量,包括配备台数、使用时间总台班数等。③施工中主要资源需要量,如施工设施所需的枕木、道轨、道砟、模板材料、工具式支撑、脚手架材料和不同施工工艺方案引起的结构材料消耗的增加量等。

第三,效果指标。效果指标包括:①工程效果指标,如工程工期。②经济效果指标,如成本降低额或降低率,材料资源节约额或节约率。

第四,其他指标。其他指标主要有额外增加的材料资源量,施工安全性、对环境的影响以及施工临时占用的建筑红线以外的场地面积等。

以上指标并不是每一个工艺方案评价时都要具备的,而应根据评价方案的具体情况加以设置。

2.施工组织方案方面

评价施工组织方案的技术经济指标有以下几种。

第一,技术性指标。包括占地面积、技术工作和工程质量保证体系、施工均衡性,比如:①主要工种施工不均衡系数 = 计划期高峰工程量/计划期平均工程量。②主要材料、资源消耗不均衡系数 = 计划期高峰材料、资源耗用量度/计划期平均材料/资源耗用量。③劳动消耗量的不均衡系数 = 计划期高峰劳动消耗量度/计划期平均劳动消耗量。

第二,经济性指标。经济性指标主要包括以下几点:①施工单位的固定资产和流动资金的占用量。②工程成本,包括人工费、材料费、机械设备使用费、施工现场管理费等。③主要专用设备需要量。④主要材料资源耗用量。⑤三大材料(钢材、木材、水泥)的节约。⑥劳动生产率。

第三,效果指标。效果指标如工程总工期,即从主要项目开工到全部项目投产使用为止的时间,其中包括施工准备期。

第四,其他指标。反映施工组织方案特点的其他指标有:①机械化施工程度 = 机械化施工完成工作量/总工作量×100%。②工厂化施工程度 = 预制加工厂完成的工作量/总工作量×100%。③临时工程投资比例 = 全部临时工程投资额/建筑安装总投资×100%。

通过技术经济比较,可以得到各种施工方案的经济规律,应分别制成表格或统计曲线以供查用。因此,建筑企业要掌握大量原始经济资料,以供方案比较分析时使用。总之,建筑工程的设计和施工方案选择,直接关系到投资的经济效益,必须对技术的先进性和经济的合理性进行评价,为科学的投资决策提供依据。

第三节 建筑设备更新的经济技术分析

随着新工艺、新技术、新机具、新材料的不断涌现,工程施工在更大的深度和广度上实现了机械化。随着社会主义市场经济的蓬勃发展,建筑业也成为中国建筑项目的主导产业,设备安装也成为建筑业发展中最重要的建筑项目之一。对建筑过程中的安全有直接影响的,特别是在某些超高楼建设后的科学技术发展,不动产项目也在发展中,许多相关行业,包括建筑设备,在整个建筑中是一个特别重要的环节,经过整个工程建设过程。因此会出现一个很长的时期,复杂性和其他特点。这无形地增加了设备安装质量管理的难度。由于一系列因素,施工工作的整体质量和功能都很复杂。由于设备安装时的质量问题严重恶化。应加强对设备安装人员和监督者在未来设备安装方面的质量管理培训。

(1)建筑机电安装材料种类各异

在建筑机电设备施工阶段必须使用建筑材料。建筑材料和建筑设备的尺寸和价格的多样性和规格,这使得不同材料的产品特点和市场价格有很大的差异。电气机械安装工程需要使用各种电缆、电线、高压开关柜、变压器和配电盘。这也要求建筑企业在机电装置施工阶段加强价格控制

(2)建筑电气机械设备安装的新工艺

随着新技术的发展,电机设备和新材料的建设,大量新的机电材料和方法用于设计工作,休克的传统建筑方法。在机电构筑物施工阶段,远程水表已广泛用于水电供应。新材料的质量很高。能为电机设备的建设带来更多的技术,而这在某种程度上也会对电气机械设备的施工成本提出更高的控制要求。

(3)建筑机电工程有许多变化

建筑机电工程不仅包括许多机械设备和建筑设备。但也要和建筑,以及建筑物的建筑和装修紧密联系在一起。设备很难充分反映各种类型的建筑设备,因此在实际工作中可以很容易地加以考虑,这导致了建筑过程中的各种变化不间断地管理电气机械设备成本的严重障碍。

随着社会经济的迅速发展和人民生活水平的提高注意建筑的美,这也使得许多现代机电设施能够开始广泛使用黑暗和隐蔽的施工方法。这对建筑工人来说是一个困难的问题。对安装工作所用材料的质量和标准进行直观的确定,既无法确定具体的价格水平,也难以控制成本。

一、建筑工程设备安装存在的问题分析

(1)设备安装过程没有调整。在安装施工机电设备过程中,施工人员没有严格按照规定进行施工工作。通常,在安装变压器配电装置和发电机安装后,冷机组开始安装,水箱和其他装置,不仅影响设备的运输,而且增加了维修和更换变压器设备的困难。

(2)目前在建筑价格管理方面的建筑管理和安装问题,安装和安装的许多建筑工人的资格相对较低,导致在施工过程中,整个施工阶段的管理都出现了很大的问题。例如,由于施工管理不善,施工人员盲目地对施工进行管理。建筑单位的工作人员因其个人利益而受到更大的骚扰,他们利用非法手段增加工作,以谋取个人利益。由于施工管理过程中没有关于投标书的核实和审查的明确规则,出现了供水和供电工程设计文件的任意修改问题,因此,在恢复水利工程方面出现了重大问题,影响了总的工程水平。

(3)在建筑设备的建设方面,目前没有一个完善的管理系统,在工程信息管理方面存在着许多空白,虽然这个行业已经开发和实施了预订系统,设备维护不善导致建筑设备缺乏有序的管理。一些建筑单位没有严格遵守设备管理系统,导致管理效率低下。

二、建筑设备安装施工阶段中工程造价的控制

(1)加强工地管理。实施某些管理方式,可以有效降低在施工阶段安装建筑设备的成本。费用可以通过减少临时工程设施的数量来调节。要注意劳动力的管理,这将通过加强对建筑业的监督,从而有效地提高生产效率,从而减少高的劳动力成本。可以建立一种奖励和惩罚机制,以评估建筑工人生产的效率,并根据这种机制的结果制定奖励和制裁措施评估。这能有效地刺激建筑工人提高工作效率。最后,还应注意废物管理,提高建筑工人的劳动生产率。在施工过程中产生的废物,及时处理垃圾将避免在施工后阶段大量的基本废物处理费用。不会妨碍正常的设计,对于设计师来说,在设计过程中有专家,在价格管理,可以保证工作质量,满足建筑成本控制的需要。

(2)降低材料成本。控制材料成本也是控制建筑成本和建筑材料安

装成本的关键方法。材料成本主要由两部分组成:第一,材料成本主要由两部分组成。建筑工程应加强工地消耗材料的管理,通过减少施工过程中产生的废物,实现材料的有效节约。第二,也要注意材料的储存。因为在施工过程中许多材料都是提前购买的。施工地点可能受到地区外恶劣天气的影响,从人为因素的影响。例如,在企业270mm板生产线,搬迁板生产线建设和安装总管理局的项目,本部对用于安装组的铜母线实行专门的管理,对现场使用和消耗进行真正的检验,从而实现机械化装修节约材料。

(3)机械设备的使用也是建筑成本的重要部分,对于建筑机械设备,通过合理的施工计划,可以有效提高机械设备的利用率;因此,可以有效地提高机械效率。同时要注意机器操作员的专业水平。通过培训,提高机械效率。讲座等可以有效提高机器操作员的专业水平,以避免机器运行过程中出现问题,提高机器工作效率和精度。在具体建设中,必须完善和深化以总平面图为基础的、每日、每周和每周的施工计划。月计划总结每天的建设工作,及时发现设备安装中的问题并采取有效措施加以解决。此外还应检查其执行情况,以确保设备安装工作及时完成。质量管理是设备安装过程中最重要的问题之一,加强施工设备的管理是为了保证为了保证设备的安装质量符合技术要求。因此应加强对建筑设备安装质量的监督,保证验收合格。在安装后接收产品,避免恢复工作会影响到整个施工期。在安装过程中应严格遵守技术要求,在安装过程中应根据现场实际情况拟定适当的施工建议。完成相应的技术任务,保证设备安装有序,保证质量,及时完成工作计划。建筑人员管理在质量管理安装过程中具有特别重要的意义,以及由于建筑单位往往在不同的地点开展建筑工作,这可能导致建筑工人结构复杂化,需要在工作计划中保证安装人员的技能不足,对建筑设备的质量产生严重影响,所有的就职证书,专业技术技能,以实际工作经验为基础的工作分配,合理的工作计划建筑设备。

(4)价格管理,首先,必须加强领导培训,提高价格管理人员的士气和专业水平,确保设备价格控制系统得到全面实施。完善建筑价格管理制度,使建筑价格管理制度符合相关法律标准;逐步实现标准化、制度化和制度化。第二,改进监督制度、奖励和惩罚制度。这可能导致建筑工人结构复杂,安装工人技能不足,对建筑设备的质量产生严重影响。在工作计划中必须确保这些工作人员都有工作许可证和分配所需的技能。根据实际工作经验开展工作,并有合理的人身安全工作计划,为了保证建筑设备安装质量。安装工作的价格相对于内容的弹性相对较高。这是因为安装费用不仅包括设备的价格,还包括安装材料的价格。这些价格的内容不是固定的,而是固定在市场上的。因此,必须注意控制安装工作的单位成本。注意材料检验的尺寸和时间,要保证市场价格在同一时间符合市场价格,同时要避免误报不公平的报告。只有在确定验收工作是否符合要求的基础上才能开始完成工作阶段。关于建筑设备的安装,这也是在计算和批准阶段调整价格的基础。

(5)严格控制电气机械工程签证更改工作,在安装建筑机电设备方面有更多的过程和步骤,在实际施工过程中,常常会出现工程变更的问题,如果这种变动不可避免地导致工程期限和工作量的变化,增加了机电设备安装控制的困难,施工成本经理应在保证电气机械设备安装质量和施工安全的基础上严格控制施工过程中发生的变化。机电工程及现场签证签发工程设计,为了避免在电气机械设备建设期间签证发生不必要的变化。定价主管还应根据相关的管理条例采取行动,加强质量控制。除此之外,随着签证问题的变化,施工价格经理应及时现场检验确认,在动态跟踪现场进行深入的建设工作,进一步提高对机电工程成本的控制水平。由于施工过程复杂,无论设计质量和深度为何,施工项目经常进展,或工作地质条件的变化工程承包商,如果有必要修改或修改合同条款,双方应通过协商以书面形式将相应的文件形式形成。如果对设计进行修改,这将对工程进度产生很大影响。因此,我们必须避免任何设计上的改动。必须尽快做到这一点,改变越早越好,特别是在设计影响方面。如果需要修改,首先必须修改,修改后的项目成本将掌握在时间的手中,否则后果将难以想象。现场施工机械只关心建设,修改施工项目,或增加或缩短工作范围,不与客户沟通。

现代建筑物的智能水平越高,对安装设备的需求就越大。我们已经在控制建筑设备价格方面取得了一定进展,但在实际控制建筑价格方面仍存在问题。合同内容不一致,材料消耗过多,劳动力缺乏有效的管理,成本增加,这些问题的答案是基于分析经常出现的控制建筑设备成本的问题,提出了有效的战略,如:作为提高对工程成本控制的认识、采用限额设计的形式、加强现场管理、降低材料成本等因素使用起重机械,仔细确认建筑合同的条件,并核实费用。

三、设备损耗与补偿

(一)设备损耗的类型

设备是企业生产的重要物质条件,企业进行生产,必须花费一定的投资,用以购置各种设备。设备购置后,无论是使用还是闲置,都会发生损耗,从而降低其使用效能,也降低其价值,这就是设备的损耗。设备的损耗分为两大类、四种形式。

第一,有形损耗(又称为物质损耗),它包括使用损耗和自然损耗:①使用损耗是指机械设备在使用过程中的慢性磨损和损伤(包括机械损伤和化学损伤)引起的损耗,这是机械设备损耗的主要部分。机械设备的使用损耗的因素包括负荷程度、机械设备的质量和耐磨程度、机械设备装配和安装的准确性、机械设备的固定程度、设备使用过程中防避外界(如粉尘、水汽、高温等)影响的程度、设备的维修情况工人操作的熟练程度。②自然损耗是指在自然力的作用下,大气中的水分、粉尘和污染物等产生的锈蚀、腐蚀造成的有形损耗。对于机械设备的有形损耗,可以通过维修工作,使一部分损耗得到修复和补偿。因此,机械设备的有形损耗又可分为可消除的有形损耗与不可消除的有形损耗。

第二,无形损耗(又称为精神损耗、经济损耗)。设备的无形磨损不是由生产过程中的使用或自然力的作用造成的,而是由社会经济环境变化造成的设备价值贬值,是技术进步的结果。无形损耗又有以下两种形式:①设备的技术结构和性能并没有变化,但由于技术进步,设备制造工艺不断改进,社会劳动生产率水平提高,同类设备的再生产价值降低,因而设备的市场价格也降低了,致使原设备相对贬值,这种损耗称为第一种无形损耗。这种无形损耗的后果只是现有设备的原始价值部分贬值,设备本身的技术特性和功能即使用价值并未发生变化,故其不会影响现有设备的使用。因此,不产生提前更换现有设备的问题。②第二种无形损耗是指科学技术的进步不断创新出结构更先进、性能更完善、效率更高、耗费原材料和能源更少的新型设备,使原有设备相对陈旧落后,其经济效益相对降低而发生贬值。第二种无形损耗不仅使原有设备价值降低,而且由于技术上更先进的新设备的发明和应用会使原有设备的使用价值局部或全部丧失,这就产生了是否用新设备代替现有陈旧落后设备的问题。

有形和无形两种损耗都引起设备原始价值的贬值,这一点两者是相同的。不同的是,遭受有形损耗的设备,特别是有形损耗严重的设备,在修理之前,通常不能工作;而遭受无形损耗的设备,并不表现为设备实体的变化和损坏,即使无形损耗很严重,其固定资产物质形态却可能没有损耗,仍然可以使用,只不过继续使用它在经济上是否合算,需要分析研究。

第三,设备的综合损耗。设备的综合损耗是指同时存在有形损耗和无形损耗的损坏和贬值的综合情况,对任何特定的设备来说,这两种损耗必然同时发生和同时互相影响。某些方面的技术要求可能加快设备有形损耗的速度,例如高强度、高速度、大负荷技术的发展,必然使设备的物质损耗加剧。同时,某些方面的技术进步又可提供耐热、耐磨、耐腐蚀、耐振动、耐冲击的新材料,使设备的有形磨损减缓,但使其无形损耗加快。①

(二)设备损耗的补偿方式

设备发生损耗后,需要进行补偿,以恢复设备的生产能力。针对机械设备损耗的不同形式,应采取不同的措施加以补偿,即进行维修、改造和更新。补偿分局部补偿和完全补偿。设备有形损耗的局部补偿是修理,设备无形损耗的局部补偿是现代化改装。设备有形损耗和无形损耗的完全补偿是更新,如图6-2所示。设备大修理是更换部分已损耗的结构

---

①陶燕瑜,胡昱. 工程技术经济 第2版[M]. 重庆:重庆大学出版社,2014.

作局部的改进和技术上的革新,如增添新的、必需的零部件,以增加设备的生产功能和效率为主;更新是对整个设备进行更换。

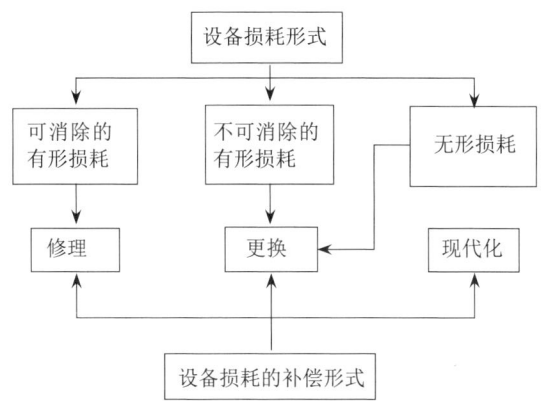

图6-2 设备损耗与补偿之间的关系

由于设备总是同时遭受有形损耗和无形损耗,因此,对其综合损耗后的补偿形式应进行更深入的研究,以确定恰当的补偿方式。对于陈旧落后的设备,即消耗高、性能差、使用操作条件不好、对环境污染严重的设备,应当用较先进的设备尽早替代;对整机性能尚可,有局部缺陷,个别技术经济指标落后的设备,应适应技术进步发展的需要,吸收国内外的新技术,不断地加以改造和现代化改装。在设备损耗补偿工作中,最好的方案是有形损耗期和无形损耗期相互接近,这是一种理想的"无维修设计"(也就是说,当设备需要进行大修理时,恰好到了更换的时刻)。但是大多数的设备,通常通过修理可以使有形损耗期达到20~30年甚至更长,但无形损耗期却比较短。在这种情况下,就存在如何对待已经无形损耗但物质上还可使用的设备的问题。此外还应看到,第二种无形损耗虽使设备贬值,但它是社会生产力发展的反映,这种损耗越大,表示社会技术进步越快,因此应该充分重视对设备损耗规律性的研究,加速技术进步的步伐。

(三)机械设备的损耗规律

机械设备的损耗规律,是指机械设备从投入使用以后,机械设备损耗量随时间变化的关系。这里的损耗是指有形损耗的使用损耗,机械零件的损耗过程通常经历不同的损耗阶段,直至失效。图6-3所示为典型的有形损耗特性曲线。

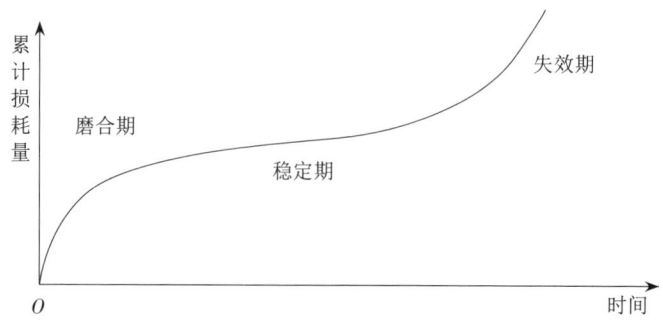

图6-3 有形损耗特性曲线

图6-3中的纵坐标表示累计损耗量。单位时间的损耗量,称为损耗率。通常在磨合期内,损耗率比较大,并且是递降的。然后进入一个较长时间的稳定期,损耗率较小。直至某一点,斜率陡升,这意味着损耗急剧增大,失效即将发生。对于一些损耗过程,例如滚动轴承或齿轮中发生的表面疲劳损耗,开始时损耗率可能为零,当工作时间达到一定数值后,点蚀开始出现并迅速扩展,损耗率迅速上升,很快发展为大面积剥落和完全失效。

(四)机械设备故障率的变化规律

所谓故障率,就是机械设备在工作的单位时间内发生故障的次数。了解机械设备的损耗规律后,也就好理解机械设备故障变化规律。机械设备故障变化规律和设备损耗规律一样有三个阶段,如图6-4所示。

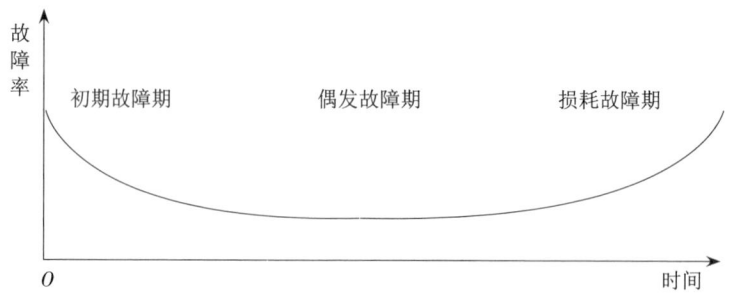

图6-4 设备故障率变化

第一,初期故障期。此阶段内故障发生的原因多数是设计、制造上的缺陷,零部件磨合关系不好,搬运、拆卸、安装时的缺陷,操作人员不适应。特别对于进口机械设备,操作人员的不熟练造成初期故障率较高,对于使用单位来说,要慎重地进行搬迁、拆卸,严格地进行验收、试运转以及培训好操作人员等。

第二,偶发故障期。此阶段设备处于正常运转时期,故障率最低,故障的发生主要是由操作人员的疏忽与错误造成的。因此,此时期的工作重点应是落实正确的操作规范,做好日常维护和保养工作。机械设备的寿命在很大程度上取决于正确操作和日常维护。

第三,损耗故障期。由于损耗严重,此阶段机械设备性能劣化而造成故障。为了防止其故障发生,就要在零部件达到极限损耗前加以更换。

四、设备更新方案的比选方法

建筑设备是建筑企业进行生产的重要物质条件。设备在使用过程中将发生物理磨损和精神磨损。物理磨损使设备的运行费用和维修费用增加,使用效率降低;精神磨损是技术进步的结果,使结构更先进,技术更完善,效率更高,机械性能显著提高,能源和原材料消耗更少的新设备出现。建筑设备更新,包括原型设备更新和新型设备更新。原型设备更新是用结构性相同的新设备去更换有形磨损严重.的旧设备;新型设备更新是用新设备替代旧设备,是技术发展的基础。建筑设备更新大致有如下原因:设备能力不足或效率降低或使用费用过高或设备精神磨损。设备更新特点是原始费用高,运行和维修费用低;而旧设备恰恰相反。建筑设备更新是建筑企业生产发展和技术进步的客观需求,对建筑企业的经济效益有着举足轻重的作用。决定设备是否更新,应全面比较,权衡利弊,以经济效果高低作为判断依据。设备更新过早,会造成资金的浪费;更新过迟,会使生产成本上升,失去竞争优势。所以,设备是否更新,何时更新,更新何种设备,对建筑企业来说,既要考虑技术发展的需要,又要考虑企业的经济效益,需要做好建筑设备更新决策。

(一)设备寿命的概念

设备寿命在不同需要的情况下有不同的内涵和意义。现代设备的寿命,不仅要考虑自然寿命,而且还要考虑设备的技术寿命和经济寿命。

第一,设备的自然寿命。设备的自然寿命又称为物质寿命,是由物质损耗的原因所决定的设备的使用寿命,即设备从开始投入使用,因物质损耗使设备老化、坏损,直至报废为止所经历的时间。一般来说,设备的物质寿命较长,是由设备的有形损耗决定的。

第二,设备的技术寿命。由于科学技术的迅速发展,在设备使用过程中出现了技术上更先进、经济上更合理的新型设备,而使现有设备在物质寿命尚未结束前被逐渐淘汰为止所经历的时间叫作设备的技术寿命,有时也叫作设备的技术老化周期或有效寿命。技术寿命主要是由设备的无形损耗所决定的,它一般比自然寿命要短,而且科学技术进步越快,技术寿命越短。

第三,设备的经济寿命。经济寿命是指设备从投入使用开始,到继续使用至在经济上不合理而被更新所经历的时间,它是由设备维修费用的提高和使用价值的降低决定的。设备使用年限越长,所分摊的设备年资产消耗成本越少。超过了经济寿命而勉强继续使用,在经济上通常是不合理的。有人把这个阶段叫作"恶性使用阶段"。随着设备使用年限的增加,一方面需要更多的维修费维持原有功能;另一方面设备的操作成本及原材料、能源耗费也会增加,年运行时间、生产效率、质量将下降。因此,年资产消耗成本的降低,会被年度运行成本的增加或收益的下降所抵消。在整个变化过程中存在着某一年份,设备年平均使用成本最低,经济效益最好,如图6-5所示,在N_0年时,设备年平均使用成本达到最低值。称设备从开始使用到其年平均使用成本最小(或年盈利最高)的使用年限N_0为设备的经济寿命。所以,设备的经济寿命就是从经济观点(即成本观点或收益观点)确定的设备更新的最佳时刻。

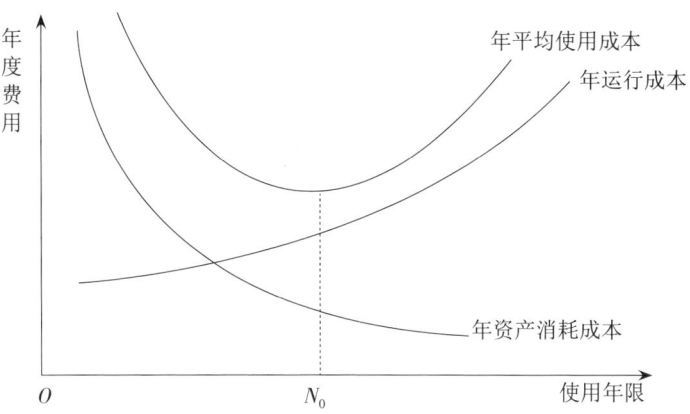

图6-5 设备年度费用曲线

第四,设备寿命期限的影响因素。影响设备寿命期限的因素较多,其中主要有:①设备的技术构成,包括设备的结构及工艺性,技术进步。②设备成本。③加工对象。④生产类型。⑤工作班次。⑥操作水平。⑦产品质量。⑧维护质量。⑨环境要求。

(二)设备经济寿命的估算

设备经济寿命的确定原则包括以下两点:①使设备经济寿命内平均每年净收益(纯利润)达到最大。②使设备在经济寿命内一次性投资和各种经营费总和达到最小。

确定设备经济寿命的方法可以分为静态模式和动态模式两种。静态模式下设备经济寿命的确定方法,就是在不考虑资金时间价值的基础上计算设备年平均使用成本$\overline{C}_N$。使$\overline{C}_N$为最小的N_0,就是设备的经济寿命,如式6-6。

$$\overline{C}_N = \frac{P - L_N}{N} + \frac{1}{N}\sum_{t=1}^{N} C_t \qquad (式6-6)$$

式6-6中:

$\overline{C}_N$——N年内设备的年平均使用成本;

P——设备目前的实际价值,如果是新设备则包括购置费和安装费,如果是旧设备则包括旧设备现在的市场价值和继续使用旧设备追加的投资;

C_t——第t年的设备运行成本,包括人工费、材料费、能源费、维修费、停工损失、废次品损失等;

L_N——第N年年末的设备净残值。

在式6-6中,$\frac{P-L_N}{N}$为设备的平均年度资产消耗成本,而$\frac{1}{N}\sum_{t=1}^{N}C_t$为设备的平均年度运行成本。

在式6-6中,如果使用年限N为变量,则当$N_0(0<N_0<N)$为经济寿命时,应使$\overline{C}_N$最小。

(三)建筑设备更新方案比较应遵循原则

(1)不考虑旧设备的沉没成本。即设备进行比较时,原设备应按现在实际价值进行计算,不考虑其沉没成本。

(2)以客观的立场比较新旧设备的现金流量。即遵循供求均衡(同时购买新设备,旧设备)的原则来考虑原设备的当前价值(即净残值)。

(3)用逐年滚动的方法进行比较。即在确定最佳更新时机时,计算现有设备的剩余经济寿命和新设备的经济寿命,然后利用逐年滚动计算方法进行比较。

(四)建筑设备更新方案的特点

(1)设备方案比较时,假定设备产生的收益是相同的,只对他们的费用进行比较。

(2)因为不同设备的服务寿命不同,采用年度费用进行比较。年度费用包括资金恢复费用和年度使用费。资金恢复,费用指设备的原始费用扣除设备的净残值费摊到设备使用各年上的费用;年度使用费是指设备的年度运行费(人工、燃料、机油)和年度维修费。

资金恢复费用公式推导:设P代表设备的原始费用,F代表设备的估计残值,N代表设备的服务年限,A为N次等额支付系列的一次支付,在各个计息期来实现。设贴现率为i,则资金恢复费用如下:

$$资金恢复费用 = P(\frac{A}{Pi_N}) - F(\frac{A}{Fi_N}) \qquad (式6-7)$$

$$等额支付系列积累基金公式:A = F\{i[(1+i)-1]\} = F(\frac{A}{Fi_N}) \qquad (式6-8)$$

等额支付系列资金恢复公式：

$$A=\frac{P(1+i)^n}{(1+i)-1}=\frac{P(1+i)^n}{(1+i)^n-1}=\frac{A}{Pi_N}\frac{A}{Fi_N}=\frac{1}{(1+i)^n-1}=i\frac{(1+i)}{(1+i)^n-1}-i=\frac{A}{Pi_N}-i \qquad （式6-9）$$

式(6-8)(6-9)代入公式(6-7)得：

$$资金恢复费用=(P-F)\frac{A}{Pi_N}+Fi \qquad （式6-10）$$

第七章 价值工程

第一节 价值工程的概述

一、价值工程的产生和发展

价值工程(简称VE)是一门新兴的科学管理技术,是降低成本、提高经济效益的一种有效方法。价值工程指的是在分析系统、设备、设施、服务和供应的功能方面有组织、有系统地工作,目的是实现以最低的生命周期成本来维持最基本的功能,同时保持所要求的性能、质量、可靠性和安全性。价值分析是用来评价某种产品或者服务的功能相对其售价比率的一种低成本技术。用公式表示就是价值=功能/成本。目标是在于通过改变这个公式的分子和/或分母来提高价值。价值工程及价值分析主要作用是:在保持产品的性能、品质及可靠性条件下,凭借有系统、有条理的改善,改良设计,变更材料种类和形态,变更制造程序或方法,或变更来源,所有工作都是期望以最低成本获得产品必要的功能和品质。在一定的成本下,保证产品的经济及社会效益最大化。市场竞争日益激烈,企业如何效益最大化,如何使得生产的产品或服务以一个有竞争力的价格满足客户的要求与期望,提高顾客满意度,并使股东们利益最大化。本文从价值工程及价值分析角度,阐述了从产品设计开始、到生产制造过程中,利用价值工程及价值分析的方法,使产品价值最大化,即产品功能与成本比最大化。其中也谈到了采购部门在价值工程及价值分析中的工作方法。

价值工程指的是在分析系统、设备、设施、服务和供应的功能方面有组织、有系统地工作,目的是实现以最低的生命周期成本来维持最基本的功能,同时保持所要求的性能、质量、可靠性和安全性。价值分析是用来评价某种产品或者服务的功能相对其售价比率的一种低成本技术。用公式表示就是价值=功能/成本。目标是在于通过改变这个公式的分子和/或分母来提高价值。价值工程及价值分析主要作用是:在保持产品的性能、品质及可靠性条件下,凭借有系统、有条理的改善,改良设计,变更材料种类和形态,变更制造程序或方法,或变更来源,所有工作都是期望以最低成本获得产品必要的功能和品质。在一定的成本下,保证产品的经济及社会效益最大化。

二、价值工程相关概念及提高价值的途径

(一)价值、功能和成本

价值工程也称价值分析(简写VA),是指以产品或作业的功能分析为核心,以提高产品或作业的价值为目的,力求以最低寿命周期成本实现产品或作业使用所要求的,必要功能的一项有组织的创造性活动,有些人也称其为功能成本分析。价值工程涉及价值、功能和寿命周期成本等三个基本要素。价值工程是一门工程技术理论,其基本思想是以最少的费用换取所需要的功能。这门学科以提高工业企业的经济效益为主要目标,以促进老产品的改进和新产品的开发为核心内容。

1.价值

价值工程中所说的"价值"有其特定的含义,与哲学、政治经济学、经济学等学科关于价值的概念有所不同。价值工程中的"价值"就是一种"评价事物有益程度的尺度"。价值高说明该事物的有益程度高、效益大、好处多;价值低则说明该事物的有益程度低、效益差、好处少。例如人们在购买商品时,总是希望"物美价廉",即花费最少的代价换取最多、最好的商品。价值工程把"价值"定义为"对象所具有的功能与获得该功能的全部费用之比",即 $V = F/C$,其中 V 表示价值,F 表示功能,C 表示成本。

功能是指产品的功能、效用、能力等,即产品所担负的职能或产品所具有的性能。成本指产品周期成本,即产品在研制、生产、销售、使用过程中全部耗费的成本之和。衡量价值的大小主要看功能(F)与成本(C)

的比值。人们一般对商品有"物美价廉"的要求,"物美"实际上就是反映商品的性能、质量水平;"价廉"就是反映商品的成本水平,顾客购买时考虑"合算不合算"就是针对商品的价值而言的。价值工程的主要特点是:以提高价值为目的,要求以最低的寿命周期成本实现产品的必要功能;以功能分析为核心;以有组织、有领导的活动为基础;以科学的技术方法为工具。

提高价值的基本途径有5条:①功能不变,成本降低,价值提高。②成本不变,功能提高,价值提高。③功能提高的幅度高于成本增加的幅度。④功能降低的幅度低于成本降低的幅度。⑤功能提高,成本降低,价值大大提高。

2.功能

价值工程认为,功能对于不同的对象有着不同的含义:对于物品来说,功能就是它的用途或效用;对于作业或方法来说,功能就是它所起的作用或要达到的目的;对于人来说,功能就是它应该完成的任务;对于企业来说,功能就是它应为社会提供的产品和效用。总之,功能是对象满足某种需求的一种属性。价值工程所阐述的"功能"内涵,实际上等同于使用价值的内涵。也就是说,功能是使用价值的具体表现形式。任何功能无论是针对机器还是针对工程,最终都是针对人类主体的一定需求目的,最终都是为了人类主体的生存与发展服务,因而最终将体现为相应的使用价值。因此,价值工程所谓的"功能"实际上就是使用价值的产出量。[1]

3.成本

价值工程中的成本指的是寿命周期成本,包括产品从研究、设计、制造、销售、使用至报废为止的整个期间的全部费用。它由生产成本和使用成本两部分构成,生产成本包括研究开发费、设计费、原材料费、能源费、加工费、包装费、运输费、销售费、税收等;使用成本包括使用过程中的安装费、运行费、维修费等各项费用。

对于用户而言,他们对产品所支付的费用,除了包括种种费用在内的

---

[1] 徐倩,赵滇生.建筑工程的价值工程与成本管理概述[J].山西建筑,2014(33):226-227,228.

生产成本外，还有使用成本，特别是一些产品，如空调、冰箱、住宅等耐用性产品，其维护使用费用通常远高于购置费用。因此，把整个寿命周期成本的多少作为选择产品的依据是非常重要的。生产企业只有站在用户的角度，把企业的利益和用户的利益紧密地结合在一起，在考虑降低设计制造成本的同时，考虑降低用户的维护使用成本，企业的产品才能具有真正的生命力；否则，只降低设计制造成本，反而提高了维护使用成本，用户买得起却用不起，企业产品就不可能有持久的生命力。在价值工程活动中，虽然把重点放在产品的设计阶段，但既要重视降低设计制造成本，也必须重视降低维护使用成本，把产品的生产和使用作为一个整体。这样做不仅对企业有利、对用户有利，对整个社会也有极大的益处。

（二）提高价值的途径

根据价值、功能、成本的上述关系，提高价值的途径总体上可以分为两类：一类是以提高功能为主的途径；另一类是以降低成本为主的途径。既提高功能，又降低成本，则是一条理想途径。提高价值的基本途径具体表现在以下几个方面。

从价值工程及价值分析应用公式：价值＝功能/成本，从中可以找出提高价值的5种途径：

一是价值增加，功能不变，降低成本的方式。通常使用的方法是：商务谈判直接降低原材料成本、新材料及技术应用、替代供应商的使用、替代材料的使用、降低物流成本等。

二是价值增加，功能提高，成本不变的方式。通常使用的方法是：产品设计时增加使用功能，增加用户的使用满意度，增加用户的售后服务体验等。例如：公司的福利采购，购买谈判的重点是在同样价钱的基础下，购买更多的物资。

三是价值增加，功能提高，成本增加的方式。通常使用的方法是：大幅增加产品设计的使用功能，小幅增加相应的成本。在这种方法，需要在设计阶段就考虑到功能的增加，同时需要增加多少成本。而且此方法虽然增加成本，但新材料及新技术的使用，将大幅增加产品的功能，及用户的满意度。例如：家庭安装燃气暖气片，造价2万，如果再加1千元，可以提供燃气热水器的功能。如果单独购买需要燃气热水器3千以上的成本，当然增加1千元的费用是更有价值。

四是价值增加，功能下降，成本下降的方式。通常使用的方法是：识别次要功能，减少或者删除次要功能的使用，从而大幅降低成本。这种方法在许多公司中，以激励员工合理化建议的方式，广泛的使用，并取得很好的经济效益。

五是价值增加，功能提高，成本下降的方式。通常使用的方法是使用新技术，改革产品，从而是成本下降。

上述5个方面，仅是依据价值工程的基本关系式 V = F/C，从定性的角度所提出来的一些思路。在价值工程活动中，具体选择提高价值的途径时，则需进一步进行市场调查，依据用户的要求，按照价值分析的重点，针对不同途径的适用特点和企业的实际条件进行具体的选择。

(三)价值工程及价值分析的特点

1.组织的努力。价值工程及价值分析需要跨职能部门团队的合作，因此需要公司对此给予组织上的支持。可以是设计部门或者技术部门牵头、可以是采购部门牵头、甚至可以是财务部门牵头组织，多部门进行协调沟通，方案提出、试行、改进、最后能在公司推广，应用于生产、实践中。

2.功能的研究。价值工程及价值分析的目标是什么，是提高产品的使用时间、还是提供产品的稳定性能，或者是提高客户的服务体验。将这些目标尽可能量化。

3.对象为产品或服务。价值工程及价值分析针对的是最终产品还是客户的服务体验，或者是产品工序中的某个生产环节或者需要购买的配件。根据公司的产品功能、市场需求、成本需求、生产需求选择研究对象。

4.最小的生命周期成本。价值工程及价值分析需要，考虑到产品或者服务的生命周期各个环节(包括：设计、原材料采购、生产、物流、销售、售后等)，不增加或者降低相应成本。

5.确保达成必要的功能。价值工程及价值分析最终的结果,必须保证最基本的产品功能、服务功能、使用功能。

三、指导原则及工作程序

麦尔斯在长期实践过程中,总结了一套开展价值工作的原则,用于指导价值工程活动的各步骤的工作。

(一)价值工程的指导原则

进行一项价值分析,首先需要选定价值工程的对象。一般来说,价值工程的对象要考虑社会生产经营的需要及对象价值本身被提高的潜力。例如选择占成本比例大的原材料部分,如果能够通过价值分析降低费用、提高价值,那么,这次价值分析对降低产品总成本的影响也会很大。选定分析对象后需要收集对象的相关情报,包括用户需求、销售市场、科学技术进步状况、经济分析及本企业的实际能力等。价值分析中能够确定的方案的多少及实施成果的大小,与情报的准确程度、及时程度、全面程度紧密相关。有了较为全面的情报之后就可以进入价值工程的核心阶段——功能分析。在这一阶段要进行功能的定义、分类、整理、评价。经过分析和评价,分析人员可以提出多种方案,从中筛选出最优方案加以实施。在决定实施方案后,应该制订具体的实施计划,提出工作的内容、进度、质量、标准、责任等方面的内容,确保方案的实施质量。为了掌握价值工程实施的成果,还要组织成果评价,成果的鉴定一般以实施的经济效益、社会效益为主。

(二)价值工程的工作程序

第一,选择价值工程对象。价值工程的主要途径是进行分析,选择对象是在总体中确定功能分析的对象。它是根据企业、市场的需要,从得到效益出发来分析确定的。对象选择的基本原则是:在生产经营上有迫切的必要性,在改进功能、降低成本上有取得较大成果的潜力。

第二,收集情报。通过收集情报,可以从情报中得到进行价值工程活动的依据、标准、对比对象,同时可以受到启发、打开思路,深入地发现问题,科学地确定问题所在和问题的性质以及设想改进方向、方针和方法。

第三,功能系统分析。功能分析也称为功能研究,对新产品来说,也叫作功能设计,是价值工程的核心。价值工程的活动就是围绕这个中心环节进行,因为价值工程的目的是用最低的寿命周期成本,可靠地实现用户所需的必要的功能。因此,价值工程师对产品的分析,首先不是分析产品的结构,而是分析产品的功能,也即从传统的对产品结构的分析(研究)转移到对产品功能的分析(研究)。这样就摆脱了现存结构对设计思路的束缚,为广泛联系科学技术的新成果找出实现所需功能的最优方案,提供了一种有效方法。

功能分析包括功能定义、功能分类和功能整理。功能定义是指确定分析对象的功能。功能分类是指确定功能的类型和重要程度,如基本功能、辅助功能、使用功能、美观功能、必要功能、不必要功能等。功能整理是指制作功能系统图,用来表示功能间的"目的"和"手段"关系,确定和去除不必要功能。

第四,功能评价。其目的是寻求功能最低的成本。它是用量化手段来描述功能的重要程度和价值,以找出低价值区域。明确实施价值工程的目标、重点和大致的经济效果。功能评价的主要尺度是价值系数,可由功能和费用来求得。此时,要将功能用成本来表示,以此将功能量化,并可确定与功能的重要程度相对应的功能成本。

第五,方案创新和评价。为了改进设计,就必须提出创新方案。麦尔斯曾说过,要得到价值高的设计,必须有20~50个可选方案。提出实现某一功能的各种各样的设想,逐步使其完善和具体化,形成若干个在技术上和经济上比较完善的方案。提出改进方案是一个创造的过程,在进行中应注意以下几点:①敢于打破框框,不受原设计的束缚,完全根据功能定义来设想实现功能的手段,从各种不同的角度来设想。②发动大家参加这一工作,组织不同学科、不同经验的人在一起商讨改进方案,互相启发。③把不同的想法集中,发展成方案,逐步使其完善。在提出设想阶段形成的若干种改进新方案,不可能十分完善,也必然有好有坏。因此,一方面要使方案具体化;另一方面要分析其优缺点进行评价,最后选出最佳方案。方案评价要从两方面进行:一方面要从满足需要、满足要求、保证功能等方面进行评价；另一方面要从降低费用、降低成本等经济方面进行评价。总之，要看是否提高了价值，增加了经济效果。

第六，方案试验和提案。为了确保选用的方案是先进可行的，必须对选出的最优方案进行试验。验证的内容有方案的规格和条件是否合理、恰当，方案的优缺点是否确切，存在的问题有无进一步解决的措施。将选出的方案及有关技术经济资料编写成正式提案。

第七，评价活动成果。在方案实施以后，要对实施方案的技术、经济、社会效果进行分析总结。

第二节 价值工程的实施步骤和方法

一、价值工程的实施步骤

价值工程强调在设计工程中尽早应用价值分析，它应用于设计阶段降低成本的计划中，目的是在不影响所要求的性能、可靠性、质量和耐久性的基础上，达到经济节约的目的。价值分析是通过一种完善的组织并具有创新的方法，达到有效识别不必要成本的目的。这个组织和方法，可以是一套专门的技术、一项知识整体以及一组熟练技能来贯彻实施。例如：辨别哪些是不必要的成本：与产品质量、用途或使用寿命无关的费用，与产品外观及客户要求无关的费用。价值工程强调在设计环节的价值体现，价值分析强调方法和过程控制成本的有效性。

（一）选择对象

选择对象是找出作为价值工程改进的对象。一般而言选择具有更大节约潜力的项目。重点关注以下方面对象。

1.成本占比大的零部件、材料等。可以使用ABC分析法，找出占产品成本80%的对象进行价值分析。就采购而言，优先选择年度采购金额占比80%左右，或者在项目成本分析中占比80%左右的进行价值分析。

2.用量占比大的产品、零部件或者包装物料产品需求量大，原材料品种多而且紧缺资源耗用大的产品,数量使用大的外购件,用料多且消耗稀缺资源的外购件,产品内包装与外包装用量大的产品或者零部件。

3.用户意见大,急需改进的产品,不良率高的产品。

表1-1 价值工程及分析应用步骤

活动过程	阶段	工作程序	具体内容	回答问题
发现和分析问题	选择对象	确定对象	确定分析对象	这是什么?
	收集情报	搜集资料	资料搜集、整理、积累	
	功能分析	功能分析	功能定义、分类整理	它是干什么用的?
		功能评价	功能定量化	
		成本分析	确定目标成本和改善期望值	它的成本是多少?
		价值分析		它的价值是多少?
决策和解决问题	建议	方案创新	提出改进方案	有无其他方法实现这个功能?
		方案评价	概略评价方案具体化详细评价	新方案的成本是多少?功能如何?
	执行	方案实施	实验审定方案实施	新方案能满足要求?
	追踪及评价	总结评定	总结评定	

(二) 收集情报

对选择的对象从以下两个方面进行信息的收集:

1.产品的生产成本:制造成本、工艺、规格、加工材料、企业生产运作生产条件等。

2.产品的外部信息:产品用户需求、销售市场、行业技术状况、经济分析、市场原材料信息等等。

(三) 功能分析

这是价值工程及分析的最主要工作,就是对收集到的相关资料进行功能分析。企业需要召开多部门的头脑风暴会议,对确定的对象展开系统的分析,通过价值=功能/成本的公式应用,找出提高价值的有效途径,最终达到成本最低,价值最大化的目的。这个阶段要进行功能的定义、分类、整理和评价等步骤。

通过上述阶段,将产生的方案整理出来,涉及什么环节,进行了哪些变化及修改，是否需要费用，预计可节约的成本，需要多长时间实现效益。提交建议给相关管理层进行报批及审批。

（四）执行

当建议被负责部门批准后，方案投入到正常生产、采购或其他相关的工作程序中，进行贯彻实施。实施中应该按照制定的具体实施计划，提出工作内容、进度、质量、标准、责任等方面内容，确保方案的实施质量。

（五）追踪及评价

从价值工程及价值分析活动的经济效益分析来看，有三个指标可以作为评价指标：全年净节省额，成本降低比率以及投资效率。

全年净节约额=（改进前单位成本−改进后单位成本）×年产量−价值工程/价值分析活动费用

成本降低比率=[（改进前单位成本−改进后单位成本）÷改进前单位成本]×100%

投资效率=（全年净节省额÷价值工程/价值分析活动费用）×100%

二、价值工程及价值分析在采购中的方法及应用

（一）价值工程及价值分析在采购中的方法

价值工程及价值分析的优势来自跨职能团队的合作，此方法可以集供应商、客户、包装、物流、供应管理、设计和加工工程师、市场、会计和制造于一体。采购工作作为其中重要一环，从设计阶段、到批量生产阶段、到售后阶段，都发挥着重要的作用。采购部门如何在价值工程及价值分析中发挥最大作用呢？主要有以下的方法。

1. 技术降本

技术降本是在产品设计阶段，包括对新产品的开发、对现有产品的改良、包括产品本身的设计优化，包括产品包装的设计优化等。它的主要方法：通用化设计、新型化设计与轻量化设计。

2. 通用化设计

通用化设计是使用的价值工程及价值分析中，价值增加，功能不变，降低成本的途径。通用化设计指在互相独立的系统中，选择和确定

具有功能互换性或尺寸互换性的子系统或功能单位的标准化形式。通用化目的是最大限度地扩大同一产品(包括元器件、部件、组件、最终产品)的使用范围,从而最大限度地减少产品(或零件)在设计和制造过程中的重复劳动。采购部门在产品早期开发阶段,推动研发部尽可能利用现有的原材料与包装材料进行产品开发,提高材料的通用化率。在批量生产过程中,持续推动材料与包装的标准化工作,将非标件改进为标准件。在材料及包装的标准化过程中,重新进行地位匹配,例如高端产品采用高级材料,低端产品采用更廉价的材料。通过原材料、包装材料及零部件的通用化率提高,减少了采购的种类,增加了每类材料的采购批量,形成规模化采购,降低采购成本。通过通用化材料的降级使用,直接降低产品的原材料采购成本。

汽车行业模块化生产就是零部件通用化的开发的典型。例如汽车厂有三个发动机舱通用模块,四个前后置底盘通用模块等。新车型设计可以用类似积木组合方式,用甲型的发动机舱通用模块,乙型前置后驱底盘,不但降低了设计成本、提高零部件通用率,还大幅降低采购成本,增加了产品的价值。产品通用化设计水平可以采用通用化率来衡量,其计算公式如下:通用化率(100%)=通用件件数(或品种数)÷零部件总件数(或品种总数)×100%。

3.新型化设计

新型化设计使用的价值工程及价值分析中,价值增加,功能不变,降低成本;或者价值增加,功能提高,降低成本的途径。新型化设计是采用价格更低、功能相近甚至更优的新材料作为替代,它的本质就是材料更新。前提条件是不牺牲产品的正常功能与质量,包括产品安全属性。采购部门提供给研发部门市场上的新材料信息及相关成本分析;同时与供应商签订降本利益共享合同,鼓励供应商或者承包方提出能降低成本而不降低产品或者流程性能的新材料或者新技术。在产品功能不变或者提高的情况下,推动研发部门在设计阶段,或者批量生产阶段采用新的材料及技术,大幅降低成本,增加产品的价值。例如打印耗材硒鼓,原装硒鼓很多是进口,价格昂贵,现在市场上国产晒鼓技术日趋成熟,价格也只有原装的一半甚至三分之一。采购部在了解市场情况后,推荐使用国产砸鼓,采购金额从原来的年度使用金额200多万,下降到80万以内,并且打印效果得到使用部门的认可。

4.轻量化设计

轻量化设计是使用的价值工程及价值分析中,价值增加,功能提高,成本不变;或者价值增加,功能提高,降低成本的途径。轻量化设计是通过改善设计,调整产品结构或者产品配方,减少成本占比较大材料的单位耗用量,它的本质是减少用量。前提条件是不牺牲产品的正常功能与质量,包括产品安全属性。采购部门通过价值工程及价值分析项目小组,对市场成熟产品进行分析对比,鼓励供应商提供市场最新零部件及材料信息,并将此信息提供给研发部门进行分析及使用。汽车行业车辆轻量化设计,日本车走在行业前列。汽车轻量化设计,不但直接降低车身钢材的采购成本,而且能减少车辆耗油量,提升操控的稳定性,减少碳排放等,大幅提高产品经济价值及社会价值

5.商务降本

商务降本使用的价值工程及价值分析中,价值增加,功能不变,降低成本途径。这里的成本包括原材料成本、零部件成本、财务成本、物流成本、包装成本、质量成本、售后成本。它主要的工作在采购部,其它部门进行协助。商务降本主要的方法是:招标、商务谈判、多家供应商竞价、延长付款期限、调整付款方式、优化到货模式(使用及时供货法JIT)、电子网络竞价、保证原材料或者零部件的合格率等。

(二)价值工程及价值分析在采购中的应用

1.制定方案

拟订供选择用的各种可能方案,是决策的基础。这项工作主要是由智囊机构承担的。如果只有一个方案,就没有比较和选择的余地,也就无所谓决策。拟订方案阶段的主要任务,是对信息系统提供的数据、情报,进行充分的系统分析,并在这个基础上制订出备选方案。一是必须制订多种可供选择的方案,方案之间具有原则区别,便于权衡比较。二是每一种方案以确切的定量数据反映其成果。三是要说明本方案的特

点、弱点及实践条件;四是各种方案的表达方式必须做到条理化和直观化。①

制订方案一般分为两步:第一步是设想阶段,要求有创新精神和丰富的想象力。这些都取决于参谋人员的知识、能力、智慧和胆识,思想要敏锐、有洞察力并富于远见。既要实事求是,又不能因循守旧。第二步是精心设计,如果第一步需要大胆设想,这一步却更要冷静思索、反复计算、严密论证和细致推敲,应经得起怀疑者和反对者的挑剔。既要确定方案的细节,又要估计方案的结果;既要有好的主意,又要有好的结果。

2.方案优选

在方案选择之前,先要对各种备选方案进行评估。要尽可能采用现代科学的评估方法和决策技术,如可行性分析、决策树、矩阵决策、模糊决策等技术,对预选方案进行综合评价。这项工作主要由智囊机构的高级研究人员、政策研究人员和从社会上聘请的专家小组来承担。其主要内容是,通过定性、定量、定时的分析,评估各预选方案的近期、中期、远期效能价值,分析方案的后果及其影响。在评估的基础上,权衡各个方案的利弊得失,并将各方案按优先顺序排列,提出取舍意见,交决策机构审定。选择最优化方案是决策的关键一环,也是领导至关重要的职能。做好方案优选,需要满足两个条件。

第一,选择方案的标准。价值标准是选择方案的基本依据。其内容有确定各项价值指标,分清主次,综合评价。一般从系统性、先进性、效益性、现实性四个方面进行综合评价,其中效益性是核心。最优标准与满意标准是实际工作努力的方向。因为人们的认识受许多因素的限制,如主客观条件、科技水平、情报信息以及环境、时间等限制。有的最优方案对某一企业是适用的,在另一企业就不一定适用;有的在短期看是最优的,而长期效果不一定很好。因此,绝对的最优标准是不存在的,最优也是相对而言的。决策理论学派的代表西蒙提出一个现实的标准,即满意标准或有限合理性标准,认为方案只要"足够满意"即可,不必追求"最优"。多数决策是按"满意标准"行事的。当然,这样做并不排除在可能

---

①芮科.基于价值工程的建筑工程项目评标方法研究[J].建筑工程技术与设计,2015(32):1421.

条件下达到最优的可能性。

第二,选择方案的方法。方案优选,就是领导者的决断,是决策行动,也是决策全过程中最核心、最关键的一环。这个决定性的环节要求领导者要有很高的决策素养,要有战略的系统的观点,科学的思维方法,丰富的经验判断和很强的鉴别能力。选择方案的方法很多,归纳起来,主要有以下几点:①经验判断。这是最古老的一种传统的方法。20世纪40年代前的管理决策基本上都是依靠经验判断,现代管理把数学方法、物理模型、网络模型方法引进决策中后,经验判断的方法仍然是不可缺少和忽视的。尤其是一些涉及社会、心理因素等复杂问题和非计量性多的决策,需要有领导者的经验判断。所谓归纳法,是在方案众多的情况下,先把方案归成几大类,先看哪类最好,就选中哪类,然后再从中选出最好的方案,如公园选址的决策,通常采取这种方法。这个方法的优点是可以较快缩小选择范围,缺点是可能漏掉最优方案。因为最优方案也可能处在不是最好的类别中。不过在不允许进行全面对比的情况下,这个办法仍常被采用,因为按此法选出的方案一般还是比较满意的。②数学方法。运用数学方法选择方案,在20世纪50年代以后发展很快。因为在控制变量属于连续型的情况下,经验判断方法很难直接找到最优或满意方案,要借助于数学方法。所谓连续型变量是指这个变量的两个变异值之间,可以存在无穷多个中间数值。如产值、成本、利润等就是连续变量。连续型的控制变量就是意味着备选方案无穷多。运用数学方法,可以使决策达到精确化。但许多复杂的决策,用数学方法还解决不了,要综合运用选择方案的多种方法加以解决。③试验法。社会问题的决策,虽然不可能创造出像实验室那样人为的典型条件,如科技界那样去实验。但对重大问题的决策,尤其是对新情况、新问题及无形因素起重大作用不便用数学方法分析时,先选择少数几个典型单位进行试点,然后总结经验以作为最后决策的依据,也不失为一种有效的方法。有些复杂的决策,虽然反复计算、讨论、比较,仍然没有多大把握,这时就需要试验。在方案选择过程中,往往是在选择范围已经缩小到只剩下两个关键方案而定不下来时,或方案已初步选出但仍感到不放心时,不妨去做试验为妥。

以上各种选择方案的方法各有利弊,采用哪种办法还要从实际出发,灵活运用。另外,还可创造更加科学的方法,以便更简明、准确地找到最优方案或满意方案。

3.贯彻实施

方案择定后,要付诸实施,应在普遍实施前进行试点。试点要注意选择在整个系统中具有典型性的地方,不能人为地创造某些特殊条件。在试验中,应特别注重"可靠性"分析,即在规定条件下和预定时间内,完成任务或达到目标的成败概率。对于可靠性的概率表示,视不同方案可以有不同的系数。

经过可靠性验证后,可以进入普遍实施阶段。在这一步骤上,要抓好以下工作:一是把决策的目标、价值标准以及整个方案向下属交底,动员大家为实现目标而共同努力,以求实现。二是围绕目标和实施目标的优化方案,制订具体的实施方案,明确各部门的职责、分工和任务,做出时间和进度安排,交方案同时要交办法,层层要有落实方案的具体措施,使总目标有层层保证的基础。三是制定各级各部门及执行人员的责任制,确立规范,严明制度,赏罚分明,把统一指挥同调动群众的积极性结合起来,加强思想政治工作。四是随时纠正偏差,减少偏离目标的震荡。

三、VE对象的选择

(一)选择VE对象的基本原则

选择对象的原则主要根据企业的发展方向、市场预测、用户反映,存在问题、薄弱环节以及提高劳动生产率、提高质量降低成本的目标来决定对象。以下几点可供参考:①从设计上看,结构复杂的、重量大的、尺寸大的、材料贵的、性能差的、技术水平低的部分等。②从生产上看,产量多的、工艺复杂的、原材料消耗高的、成品率低、废品率高的部分等。③从销售上看,用户意见多的、竞争能力差的、销不出去的、市场饱和状态,如不改进就要亏本的部分等。④从成本上看,成本比同类产品成本高、价值低于竞争的产品,在产品成本构成中高的构成部分等。

(二)选择VE工作对象的基本方法

采用一些定性与定量的分析方法,可以有助于我们分析某些问题,帮助找出价值工程的主要对象。

1.经验分析法

经验分析法也称因素分析法,是一种定性的分析方法。它凭借价值工程活动人员的经验,按照上述原则对各种因素进行分析,区分轻重、主次,既考虑需要又考虑可能地选择和确定分析对象。这种方法简便易行,但精度差,通常在资料不全或时间紧迫的情形下使用。使用时要注意发挥集体智慧来进行决策。

2.ABC分类法

ABC分类法也称重点法、成本比重分析法或巴列特法。该方法是根据"关键的少数,次要的多数"思想,抓住主要矛盾的定量分析方法,即把占总成本的70%~80%,而占零部件总数的10%~20%的零部件划分为A类部件;把占总成本的20%左右,而占总零件总数的80%左右的零部件划分为C类;其余为B类。在确定VE对象时,一般选取A类作为VE对象,B类作为一般对象,C类则不作为对象。

此种方法的优点是能抓住重点,把数量少而成本大的零部件或工序作为VE对象,便于重点突破;缺点是对A类开展VE时通常所需时间、人力和财力水平较高,实践时应充分考虑;除此之外,可能一些现实成本属于C类而功能却十分重要且有VE潜力的零件没被选上,这时需要运用其他方法进行综合分析。

3.比重分析法

比重分析法是针对不同指标(或目标),通过计算不同对象的相对比重来选择VE对象。如以降低能源消耗为目标,见表7-1,首先计算产品或项目消耗能源的比重,产品B、D能源消耗比重较大,分别占总量的25%和30%,可将二者列为VE对象;又如以提高设备组中各设备成本利润为目标,见表7-2,其中设备A成本利润率最低,可将其列为VE对象。

表7-1 能源消耗费用比重表

项目	产品				管理设施		生活设置	
	A	B	C	D	E	F	G	H
能源消耗费用比重/%	10	25	20	30	2	6	4	2

表7-2 设备工时利润对比表

设备名称	A	B	C	D	合计
成本/千元	10.0	6.0	20.0	14.0	50
利润/千元	1.2	3.0	4.0	2.8	11
利润/成本	0.12	0.50	0.20	0.20	

4.强制确定法

强制确定法(简称FD法)是建立在产品的功能和成本应当相互协调一致的基础上的,即某一建筑产品,某零部件的成本应与其功能的重要性相对应。如果某零部件的成本很高,而其功能在零部件中所处的重要性又较低,或者反之,成本与功能不相匹配,就可利用强制确定法,通过求算功能评价系数、成本系数、价值系数来判断对象的价值,选出VE的对象。

5.最合适区域法

由强制确定法可知,凡价值系数不为1的零部件,原则上均可作为VE的对象,这显然不甚科学,有时也难以做到。其次,应用强制确定法还会使价值系数偏离1的程度小、功能系数与成本系数较大、改善期望值也较大的零部件不能被列为VE的对象;反而使价值系数偏离1的程度大、其功能系数与成本系数较小、改善期望值也较小的零部件被列为VE的对象。由日本东京大学田中教授于1973年提出的最合适区域法可以克服强制确定法的这些不足。

最合适区域法的思路是:价值系数相同的对象,由于各自的成本系数与功能评价系数的绝对值不同,因而对产品价值的实际影响有很大差异。在选择目标时不应把价值系数相同的对象同等看待,应优先选择对产品实际影响大的零部件作为对象,而对产品影响小的零部件,则可根据必要与可能,决定选择与否。对于价值系数相同的零部件,其功能与成本可能会有很大的差异,如图7-1所示。凡是价值系数落在区域之内的点都被认为是比较满意的;价值系数落在区域之外的点可作为VE的对象。

构成最合适区域的两条曲线是这样确定的:在图7-1中,曲线上的任意一点Q(x,y)到价值标准线V=1的距离为R,Q点到V=1直线的垂足为P点,P点到原点的距离OP=L,如图7-2所示。取定R与L的乘积为常数s,显然,R值大,则L值就要小;L值大,则R值就要小。根据解析几何理论,可推导出满足最合适区域曲线的方程分别为如式7-1。

$$y_1 = \sqrt{x^2 - 2s}, y_2 = \sqrt{x^2 + 2s} \qquad (式7-1)$$

按照这两个方程就可绘出类似图7-1的最合适区域。

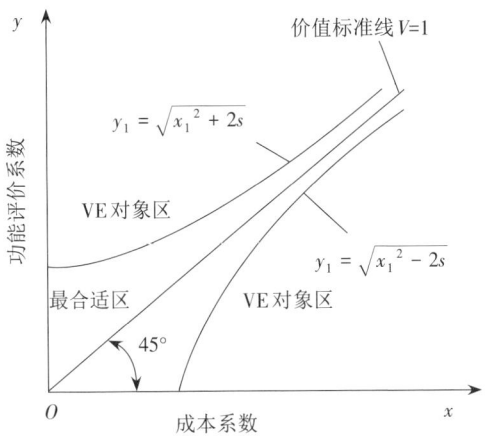

图7-1 最合适区域图

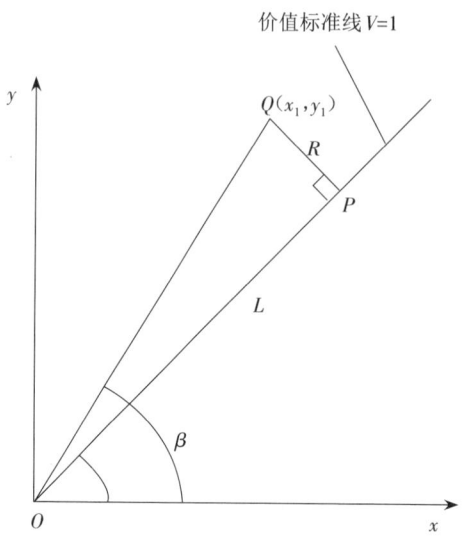

图7-2 最合适区域内线上的任一点Q

图中,最合适区域大小由所取定的s决定,s取值较大,则两条曲线与标准线的距离就较大,最合适区域范围也较大,VE的对象将选得较少;反之,s取值较小,两条曲线与标准线的距离就较小,最合适区域范围也,较小,VE的对象就将选得较多。s的取值将视VE的目标而定,有时也可通过试验,选取合适的s值,直至价值工程活动获得满意的结果。

除上述方法外,还可通过用户打分的方法对产品的各项性能指标的重要程度进行评分。典型的评分等级为:90~100"最重要";70~89"很重要";50~69"中等重要";30~49"略重要";10~29"不重要",把用户认为最重要的功能选择出来作为VE对象。使用该方法时应注意使参加的用户具有同一参考等级。

四、价值工程在施工管理中的运用方法

将价值工程运用到施工管理中,要把价值工程与施工管理有效结合在一起,一般而言,在施工管理中运用价值工程一般有以下几点流程和方法。

(一)选择价值工程的对象

筛选工程价值对象时要依据项目特点,选择最复杂的核心流程或项目,由于核心工序和工程对于全项目过程的质量提升和成本控制有着很

重要的意义,只要控制好复杂的工序,把所有的项目质量和成本统一起来。要更好地在建筑管理中运用价值工程,只是管理关键流程和重点项目是不够的,必须遵照先整体后部分的原则。第一要把项目的价值工程适用于每个项目里面,然后适用于工程,子项目等,研究总体的价值,使建筑的组织管理最优,促进价值的提升。

(二)调查研究和情报收集

第一,我们需要调查实际现场的障碍、地基图层、运输条件和水源位置等,以还要考虑对附近工厂和住户的影响。第二,要很好认识不同的类别技术信息,包含施工图纸和各类设计的文件,地质勘察的数据,材料的规格和质量,做好项目功能研究、施工需求、时间和成本预算。第三,吸取其他企业的先进办法,最后评价施工单位的技术水平能力,重视施工管理的建设能力和技术层次,可以很好满足项目建设的需求,哪些地方有问题需要及时改进。

(三)进行功能分析

功能分析对于施工管理单位来说,为了进一步确定工程价值活动的方向、重点和目标,对建筑物管理进行分析,对所有项目施工过程的功能进行管理和计算。功能分析一般有这几个方面:确定对象研究的需求,目前有哪些功能,并基于功能分类进一步明确功能,并要详细具体,还要绘制系统的功能图,理解功能之间的联系;基于功能的评估,结合价值工程活动的重点,工序和目标来确定。

(四)优选方案

施工项目的特点是详细研究项目功能和指标体系,研发出有效的施工方案,并采取更好的办法。第一因为各个项目的特征都不一样,这就需要以各个项目的特点进行研究,设置一个正确的评价功能标准,这是保证价值工程的有效性的一个重大基础。然后是要实现项目的要求,最大限度地降低建筑损耗,即新技术、新材料、时间的缩短、成本减少等。

基于此我们要总结之前施工的方法的不足之处,并要改善这种不足,结合研究其他先进的施工组织和管理办法,探究最优的施工办法,工程技术人员及经济管理人员的能力得以最好地发挥。因此可以设计出最好的建设方案,对比分析这些方案,并选择出最好的方法。

(五)价值分析

在选择的施工方案里面,为更深入地分析该值,并计算其值系数。价值系数是功能系数与成本系数的比值。因此必须保证第一价值系数值,分别依据项目的预算,还有建筑企业的管理能力,以确定建设项目分享工程的施工成本,分享工程与总成本的比值,即价值系数 $C_i·$。然后是对功能系数的确定,意思就是依据各功能在分部工程中所起作用的大小,确定各种功能在分部工程中的比重因子,在这个前提下,以分部工程功能分析表和功能比重因子,保证分部工程的功能系数 $F_i·$,即分部工程得分数与施工项目总得分的比值;最后,计算价值系数 $V_i = F_i·/C_i·$,如果 $V_i \geq 1$,功能和成本是等于或高于成本,是合理的,如果 $V_i < 1$,那么成本太高,应该着重于怎么降低成本。

(六)优化方案

当施工计划的价值为 $V_i < 1$ 时,必须要求工程师和经理人员研究该方案以分析出问题出现的原因,并在这个前提研究出施工计划的补救方法,以此提高项目的价值,包括功能及成本最优化。

(七)进行可行性实验

该过程的目标是检验方案筛选过程是不是正确的,如果发现有误差,就要改进方法。此外,可行性研究也可依据功能、工艺、经济状况,来体现方法实际测试可行的程度,采取预防的方法。

(八)检查总结

于项目施工管理里面,价值工程在施工工程里的运用需要得到有效控制和及早地评估,应该总结运用价值工程的实际经验。虽然价值工程具有很大的优点,而对于价值工程并没有思考时间的因素,伴随社会生产力的不停进步,与时间相关的价值将会更大,基于此价值工程还是具有很大的发展空间。此外价值工程的功能意义只言物理层面的意义,而不包含人的精神层面意义,只言社会的经济方面,而不包括政治和文化方面,伴随社会和经济的不停进步,更重要的只会是非物质的价值,价值工程发展的方向需要好好研究。

按照上述讨论,得出结论,施工工程里采用价值工程会有很多优点,可以使项目的相关技术得以提升,而且对于全施工的成本要得到最大程度的降低,这样项目的质量也就提升了。虽然价值工程还不尽完美,但伴随工程实际的深度发掘,价值工程将可以更好地发展,从而让其更加地与项目的设计而契合。

第三节 功能分析与功能评价

一、功能分析

任何产品都具有使用价值,即任何产品的存在是由于它们具有能满足用户所需求的特有功能,这是存在于产品中的一种本质。人们购买产品的实质是为了获得产品的功能。

(一)功能定义

功能定义就是根据收集到的信息资料,透过对象产品或构配件的物理特征(或现象),找出其效用或功用的本质东西,并逐项加以区分和规定,以简洁的语言描述出来。通常用一个动词加一个名词表述,如传递荷载、分隔空间、保温、采光等。这里要求描述的是产品的"功能",而不是对象的结构、外形或材质。因此,对产品功能进行定义,必须对产品的作用有深刻的认识和理解,功能定义的过程就是解剖分析的过程,如图7-3所示。

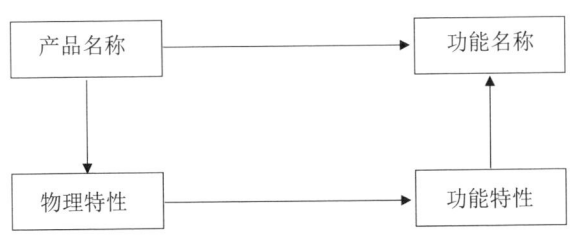

图7-3 功能定义的过程

功能定义的目的有以下几点：①明确对象产品和组成产品各构配件的功能，借以弄清楚产品的特性。②便于进行功能评价，通过评价弄清楚哪些是价值低的功能和有问题的功能，实现价值工程的目的。③便于构思方案，对功能下定义的过程实际上也是为对象产品改进设计的构思过程，为价值工程的方案创造工作阶段做了准备。

（二）功能分类

为了弄清楚功能的定义，根据功能的不同特性，可以先将功能分为以下几类。

第一，按功能的重要程度分类，产品的功能一般可分为基本功能和辅助功能：①基本功能就是要达到这种产品的目的所必不可少的功能，是产品的主要功能，如果不具有这种功能，这种产品就失去其存在的价值。例如，承重外墙的基本功能是承受荷载，室内间壁墙的基本功能是分隔空间。基本功能一般可以产品基本功能的作用为什么是必不可少的，其重要性如何表达，其作用是不是产品的主要目的，如果作用变化了则相应的工艺和构配件是否要改变等方面来确定。②辅助功能是为了更有效地实现基本功能而添加的功能，是次要功能，是为了实现基本功能而附加的功能。如墙体的隔声、隔热就是墙体的辅助功能。辅助功能可以从它是不是对基本功能起辅助作用，它的重要性和基本功能的重要性相比，是不是起次要作用等方面来确定。

第二，按功能的性质分类，功能可划分为使用功能和美学功能。使用功能从功能的内涵上反映其使用属性（包括可用性、可靠性、安全性、易维修性等）如住宅的使用功能是提供人们"居住的空间功能"，桥梁的使用功能是交通，使用功能最容易为用户所了解。而美学功能是从产品外观（造型、形状、色彩、图案等）反映功能的艺术属性。无论是使用功能还是美学功能，它们都是通过基本功能和辅助功能来实现的。产品的使用功能和美学功能要根据产品的特点而有所侧重。有的产品应突出其使用功能，如地下电缆、地下管道等；有的应突出其美学功能，如墙纸、陶瓷壁画等。当然，有的产品如房屋建筑、桥梁等，二者功能兼而有之。

第三，按用户的需求分类，功能可分为必要功能和不必要功能。在价值工程分析中,功能水平是功能的实现程度。但并不是功能水平越高就越符合用户的要求,价值工程强调产品的功能水平必须符合用户的要求。必要功能就是指用户所要求的功能以及与实现用户所需求功能有关的功能,使用功能、美学功能、基本功能、辅助功能等均为必要功能;不必要功能是指不符合用户要求的功能。不必要的功能包括三类:多余功能、重复功能、三是过剩功能。不必要的功能必然产生不必要的费用,这不仅增加了用户的经济负担,而且还浪费资源。因此,价值工程的功能,一般是指必要功能,即充分满足用户必不可少的功能要求。

第四,按功能的量化标准分类,产品的功能可分为过剩功能与不足功能:①过剩功能是指某些功能虽属必要,但满足需要有余,在数量上超过了用户要求或标准功能水平,这将导致成本增加,给用户造成不合理的负担。②不足功能是相对于过剩功能而言的,表现为产品整体功能或构配件功能水平在数量上低于标准功能水平,不能完全满足用户需要,将影响产品正常安全使用,最终也将给用户造成不合理的负担。因此,不足功能和过剩功能要作为价值工程的对象,通过设计进行改进和完善。

第五,按总体与局部分类,产品的功能可分为总体功能和局部功能。总体功能和局部功能是目的与手段的关系,产品各局部功能是实现产品总体功能的基础,而产品的总体功能又是产品各局部功能要达到的目的。

第六,按功能整理的逻辑关系分类,产品功能可分为并列功能和上下位功能。并列功能是指产品功能之间属于并列关系,如住宅必须具有遮风、避雨、保温、隔热、采光、通风、隔声、防潮、防火、防震等功能,这些功能之间是属于并列关系的。上下位功能也是目的与手段的关系,上位功能是目的性功能,下位功能是实现上位功能的手段性功能。

上述功能的分类不是功能分析的必要步骤,而是用以分辨确定各种功能的性质、关系和其重要的程度。价值工程正是抓住产品功能这一本质,通过对产品功能的分析研究,正确、合理地确定产品的必要功能、消除不必要功能、加强不足功能、削弱过剩功能,改进设计,降低产品成本。因此,可以说价值工程是以功能为中心,在可靠地实现必要功能基础上来考虑降低产品成本的。

(三)功能整理

产品中各功能之间都是相互配合、相互联系的,都在为实现产品的整体功能而发挥各

自的作用。因此,功能整理是用系统的观点将已经定义了的功能加以系统化,找出各局部

功能相互之间的逻辑关系是并列关系还是上下位置关系,并用图表形式表达如图7-4所示,以明确产品的功能系统,从而为功能评价和方案构思提供依据。

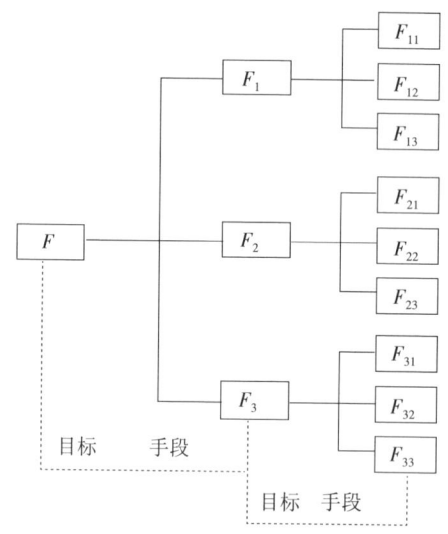

图7-4 各局部功能相互之间的逻辑关系

二、功能评价

(一)功能评价概述

1.功能评价的概念

功能分析作为价值工程(VE)的核心内容,在理论上的研究一直是定性研究多于定量分析。而大量的实践表明,价值工程要想被切实开展,主要是依靠对功能进行定量分析。功能评价是对功能由定性分析转为定量分析的一项工作。

功能分析包括三部分内容:功能定义、功能评价、替代方案选择。在功能被定义后就要基于如何以最低的费用实现这项功能展开分析,这就是功能评价,而这个最低费用就是功能评价价值。如何以最低的费用实现一项功能是功能评价的根本研究方向。功能评价的实质是穷举能实现必要功能的途径,从中选择费用最低的方案。因此功能评价也为替代方案选择建立了基础。功能评价是功能分析三个环节中的重要一环,它使对功能的研究由定性转入定量,是对其他方案进行经济评价的基础。

2.功能评价对价值工程研究的重要性

麦尔斯创建价值工程的核心思想就是要以"最低的费用"向用户提供所需要的功能,即以最低的费用可靠地实现必要功能。追求最低费用是价值工程活动的根本目的,是价值工程的核心思想,是建立和发展价值工程具体方法的重要依据。具体来说,确定功能评价值是下面两项工作的前提:①选取价值工程分析研究对象。由功能评价求出功能评价值,作为目标成本,与设计方案的估算成本(实际成本)作比较。选择目标成本与实际成本比值较低的功能区域作为改善对象,这样就能取得更大的价值工程分析研究和改进的效果。②修正成本目标。通过功能评价,寻找最低费用,同拟定设计方案的成本作比较,从而对该方案做出相应调整。[①]

(二)功能评价的方法

功能评价是在功能定义和功能整理完成之后,在已定性确定问题的基础上进一步作定量的确定,即评定功能的价值。

1.功能成本法

功能成本法包括以下几点。

第一,经验估算法。所谓经验估算法,是指由有经验的专家根据用户的需要,对实现某一产品功能的几个方案根据经验进行成本估算,取各方案中成本平均值最低的作为功能评定价值的方法。使用这种方法要求评价人员具有扎实的专业知识和丰富经验。要获得好的评价效果,要掌握丰富的资料,借助以往价值工程研究的结果。如果评价人员缺乏必

[①] 刘晓丽. 建筑工程项目管理 第2版[M]. 北京:北京理工大学出版社,2018.

要经验和资料,或者评价对象无前例可循时,得到的评价结果的准确程度就会大大降低。因此,使用经验估算法的关键是具备翔实的数据资料和以往同类项目的相关经验,在此基础上提出方案。使用该种方法要充分利用有关专家,吸取各家之长,为我所用。

第二,实际调查法。所谓实际调查法,是指对企业内外具有同样功能的产品的实际成本进行广泛调查收集,从中选择功能水平相同而成本最低的作为评价对象功能评价的方法。使用这种方法要求全面收集资料,凡是具有评价对象功能的产品或构配件,均是资料收集的对象。不仅要收集成本资料,而且还要收集反映各种功能水平的各项性能指标,例如可靠性、安全性操作性、维修性等。分析问题总离不开有关的信息和情报,因此采用实际调查法要进行广泛的调查,如市场情报、货源情报、竞争对手的情报、外协单位的情报等都是调查收集的对象。

第三,理论计算法。所谓理论计算法,是指根据有关工程计算公式和成本资料,对功能成本中某些费用进行定量计算,以求出功能评价值的方法。理论计算法应用于建筑领域就是利用建筑参数和模数计算适用功能同占地和造价等的关系。使用这种方法确定功能的最低成本,要有统一的工程量计算规则、单位工程量成本数据库等,以获得一定功能水平的明确的指标数值。

2. 功能指数法

功能指数法是通过评定各对象功能的重要程度,用功能指数来表示其功能程度的大小。然后将评价对象的功能指数与相对应的成本指数进行比较,得出该评价对象的价值指数,从而确定改进对象,并指出该对象的成本改进期望值。其表达式如式7-2。

$$V_i = \frac{F_i}{C_i}$$ （式7-2）

式7-2中:

V_i——第 i 个评价对象的价值系数;

F_i——第 i 个评价对象的功能指数;

C_i——第 i 个评价对象的成本指数。

其中,成本指数是指评价对象的现实成本在全部成本中所占的比率。功能指数主要就是评定功能分值,即按用户要求应该达到的功能程度,采用适当的评分方法,评定各功能应有的分值。主要方法包括直接评分法、强制评分法和环比评分法等。

第四节　方案创造与评价

在对功能进行评价后,就要进入方案的改进和创新阶段,功能分析与评价主要解决哪些对象需要改进的问题,而方案的创新则要解决怎样才能提高价值的问题,这是决定价值工程实际效果的关键环节。

一、方案创造

方案创造是根据用户对功能的要求及对产品的分析,运用创造性思维方法,加工已获得的情报资料,创造出实用效果好、经济效益高的新方案。方案创新的方法很多,其共同点是充分发挥参与者的创造力,现主要介绍以下几种。

(一)头脑风暴法

头脑风暴法(Brain Storming,简称BS法)又称畅谈会法,有点类似于我国的"诸葛亮会",由熟悉研究对象的5~10名专家开个小型会议,主持者作风民主,善于启发思考,与会者畅所欲言,气氛轻松,会议按以下原则进行:①欢迎自由奔放的思考,希望提出的方案越多越好。②对所提方案不加任何评价,不反驳别人的意见。③在别人所提方案的基础上进行补充和完善。④会议有记录,会后对所提的各种设想进行整理。

(二)哥顿法

这是美国人哥顿提出的方法,是对头脑风暴法的改进。这种方法也是以开会的形式提方案,所不同的是,在会议开始时,主持人并不把要讨论解决的具体问题公开,而只是抽象地介绍,与会者广泛地提出各种设想,当会议开到一定时机,再将要讨论解决的问题具体提出,在联想基础上提出具体的新方案,有时会出现突破性的进展。

(三)德尔菲法

这种方法是以函询的方式请有关专家提出方案设想。首先由组织者将研究对象的问题和要求函寄给若干专家,在专家返回意见后,整理出若干建议和方案再函寄给专家征求意见,再回收整理,经几次反复后确定改进方案。这种方法专家彼此不见面,在几次反复中,组织者仅提供信息,并不说明这些方案是由谁提出的,故各位专家可以无顾虑地大胆提出建议。

二、方案评价和选择

方案评价和选择是对所设想的全部方案的优缺点和可行性进行系统分析、比较、筛选,最终选出价值最高的可行方案的决策过程。方案评价分为概略评价和详细评价。概略评价可采用定性分析方法,对提案进行粗选,舍弃明显不合理的提案。详细评价是从已具体制定,有些则经过试验的方案中,选出准备实施的最优方案。这种评价要取得全面确切的评价结果作为方案审批的依据。它一般是将各提案和原方案一起评价经济性、技术特性等方面的优劣,这是多目标决策问题。无论是概略评价或详细评价,都要从技术评价、经济评价、社会评价三方面进行,最后在此基础上进行综合评价。

技术评价是评价方案能否实现所要求的功能以及在技术上是否可行,如产品的性能指标、可靠性指标、可维修性、可操作性、安全性以及整个系统与环境的协调性等。经济评价主要是方案的财务盈利性分析,如投资回收期、内部收益率、净现值以及资金供应、协作、生产能力、市场容量等。社会评价是分析产品投产后对社会的影响,如污染、噪声、能源消耗、社会就业等。

综合评价是根据以上三方面的内容,对方案整体价值的大小所作的综合评定。一般程序是:根据方案性质确定综合评价目标;选择综合评价方法;确定综合评价判据;结果分析,选出技术上先进、经济上合理并对社会有利的最优方案。常用的综合评价定量方法很多,下面主要介绍功能加权法和理想系数法。

(一)功能加权法

这种计算方法需要选择5~15个熟悉该产品的人员参加有关的综合评价。首先求出功能加权的系数,再由各个评价人员对各方案的功能满足的程度做出评分,将评分值与功能加权系数相乘得出每一方案的评分总值,求其各方案的平均评价总值。加权系数既可以按百分率来表示,也可以按功能的重要性排列后给予一个数值。[①]

(二)理想系数法

理想系数法是先对各方案在各项功能指标上进行评分,并计算功能满意度系数X,其计算方法如式7-3。

$$X = \frac{\sum P_i}{n \cdot P_{max}} \quad (式7-3)$$

式7-3中:

P_i——各方案满足功能的得分;

P_{max}——满足功能的最高得分;

n——需满足的功能数。

然后对各方案的经济性进行评价,并计算经济满意度系数Y,如式7-4。

$$Y = \frac{C^* - C}{C^*} \quad (式7-4)$$

式7-4中:

C^*——理想成本(一般将老产品原成本作基数);

C——新方案的预计成本。

最后,根据理想系数K,对方案进行综合评价,如式7-5。

$$K = \sqrt{X \cdot Y} \quad (式7-5)$$

一般情况下,0<K<1,在各方案中选K值最高的方案。通过评价选出的方案送决策机构审批后方可实施,在实施过程中要进行跟踪,及时解决遇到的问题,待方案全部实现后,应对价值工程的活动成果做出评价,以利于不断提高工作水平。

---

①曹茂庆. 建筑设计构思与表达[M]. 北京:中国建材工业出版社,2017.

技术与设计,2015(32):1421.

[14]佘渝娟,陈明燕.工程经济学[M].重庆:重庆大学出版社,2018.

[15]孙飞飞.建筑工程管理技术的分析与探讨[J].丝路视野,2017(33):175.

[16]陶燕瑜,胡昱.工程技术经济 第2版[M].重庆:重庆大学出版社,2014.

[17]陶冶,刘世雄.BT工程项目风险分析和分配研究[J].工程管理学报,2014(02):81-86.

[18]王运鑫.资金等值计算公式研究综述[J].中小企业管理与科技,2020(03):81-83.

[19]王喆.提高建筑工程项目的经济效益策略分析[J].企业文化(中旬刊),2014(03):204.

[20]王正芬,陈桂珍.建设工程项目经济分析与评价[M].成都:西南交通大学出版社,2016.

[21]武育秦,赵彬.建筑工程经济与管理 第4版[M].武汉:武汉理工大学出版社,2012.

[22]邢亚倩.基于资金时间价值的投标决策过程的资源优化[D].成都:西南交通大学,2012.

[23]徐俊.航运大厦项目基坑工程设计分析与施工技术研究[D].南京:东南大学,2013.

[24]徐倩,赵滇生.建筑工程的价值工程与成本管理概述[J].山西建筑,2014(33):226-227,228.

[25]张宏,陆旭忠.工程建设标准化的经济效果研究[M].北京:中国经济出版社,2016.

[26]周兵.工程经济学教学及实践改革的探讨[J].实验科学与技术,2015(04):99-102.

参考文献
REFERENCE

[1]曹茂庆.建筑设计构思与表达[M].北京:中国建材工业出版社,2017.

[2]陈自然.工程经济教与学[M].北京:北京理工大学出版社,2017.

[3]杜跃平,段利民.技术项目评价理论与方法[M].西安:西安电子科技大学出版社,2017.

[4]顾荣华,张劲松.建筑工程经济[M].北京:北京理工大学出版社,2017.

[5]李媛.投资建设项目的经济分析[J].林业科技情报,2010,42(01):66－67.

[6]刘琳.建设工程项目使用林地可行性分析[J].吉林农业,2019(16):49.

[7]刘卫星,刘颖春.工程经济学[M].武汉:武汉大学出版社,2019.

[8]刘先春.建筑工程项目管理[M].武汉:华中科技大学出版社,2018.

[9]刘晓丽.建筑工程项目管理 第2版[M].北京:北京理工大学出版社,2018.

[10]吕贤萍.建筑施工企业现金流量管理探讨[J].中国市场,2020(11):114－115.

[11]欧阳靖雯.建设工程风险管理研究及实践[D].绵阳:西南科技大学,2012.

[12]彭红.建筑工程项目经济后评价研究[D].合肥:合肥工业大学,2014.

[13]芮科.基于价值工程的建筑工程项目评标方法研究[J].建筑工程